Entdeckung

Mit dem Fahrrad von Warschau ans Schwarze Meer

Fünf Jahre nach der ersten Etappe unserer Umrundung Europas mit dem Fahrrad von Lissabon nach Warschau war dies die Fortsetzung: 2500 Kilometer von Warschau ans Schwarze Meer, ein Abenteuer, bei dem wir viel gesehen und erlebt haben: wunderbare Landschaften, Begegnungen mit Menschen, die überraschend offen, freundlich und einladend waren, spannende Geschichte, Gesellschaft, Kultur und Architektur, aber auch Armut, Verfall und ein ganz anderes Leben. Die Länder im Osten Europas, insbesondere auf dem Balkan sind für uns wie für die meisten eher fremde Landstriche, die sich nach der Öffnung der Grenzen 1989 in einem raschen und tiefgreifenden Wandel befinden. Entsprechend eindrucksvoll sind die Bilder und Erfahrungen, die wir von dieser Reise mit nach Hause bringen konnten.

Wie auch auf der ersten Etappe hat uns unser Reisetagebuch geholfen, die vielen Eindrücke festzuhalten und zu verarbeiten. Es ist für alle gedacht, die sich für Europa interessieren, die selbst Fahrradreisen unternehmen und die gerne Entdeckungsurlaub machen. Es soll die Lust wecken, Europa und seine Menschen selbst kennen zu lernen.

Klaudia Dietewich, geboren 1959, Künstlerin.
Raimund Menges, geboren 1960, Unternehmensberater.
Stuttgart, 2013

Entdeckung

Mit dem Fahrrad von Warschau ans Schwarze Meer

Klaudia Dietewich
Raimund Menges

You can dream all you want, but sometimes you have to just get out there and do it. (Du kannst träumen wovon du willst, aber manchmal musst du hinausgehen und es einfach tun.)

Spruch auf einem serbischen Radwegweiser

Impressum

Bibliografische Information der Deutschen Nationalbibliothek
Die Deutsche Nationalbibliothek verzeichnet diese Publikation in
der Deutschen Nationalbibliografie; detaillierte bibliografische
Daten sind im Internet über http://dnb.d-nb.de abrufbar.

© 2013 Klaudia Dietewich, Raimund Menges
Herstellung und Verlag: Books on Demand GmbH, Norderstedt
Satz und Gestaltung: Andrea Bolton
ISBN-13: 9783732239108

Inhaltsverzeichnis

Entdeckung

Wir sind wieder unterwegs: im IC auf dem Weg nach Köln, von wo aus wir mit dem Nachtzug nach Warschau fahren, ans Ende der ersten Etappe unserer 2007 begonnenen Umrundung Europas. Der erste Teil der Zugfahrt führt am Rhein entlang, einer äußerst radelnswerten Strecke, was wir 2009 auf dem Weg von Stuttgart über Rotterdam nach Vlieland feststellen konnten.

Das Gefühl, eine weite Reise zu machen, den Alltag für längere Zeit hinter sich lassen zu können, muss sich erst noch einstellen. Zu vollgestopft waren die letzten Wochen und Monate, bis ganz zuletzt wollten noch so viele Dinge geklärt, erledigt, zu Ende oder auf den Weg gebracht werden, dass wir erst unmittelbar vor unserer Abreise unsere Fahrrad-taschen gepackt und statt einmal probehalber, wie wir es uns wochenlang vorgenommen hatten, gleich richtig an den Fahrrädern befestigt haben.

Entsetzlich schwer kommen uns die Gefährte vor, die auf den ersten Metern bedenklich mit uns hin und her schwanken. Entweder fehlt uns ein Stück Kondition oder man muss sich einfach jedes Mal wieder neu daran gewöhnen, mit Gepäck zu fahren.

Wenigstens unsere Räder sind in einem sehr guten Zustand, dafür haben wie immer Gerhard und seine Kollegen von der Degerlocher Bike-bar gesorgt mit einer gründlichen Durchsicht im Winter und einem Last Minute Check letzte Woche.

Wir donnern die ersten Kilometer die Neue Weinsteige hinunter: ein guter Anfang! Vor der Abreise besorgen wir noch ein paar Dinge in der Stadt und machen im Grand Café Planie gleich die erste Rast. Wir haben ja jetzt Zeit und der Zug fährt erst in einer Stunde.

Alles, was uns die letzten Monate beschäftigt hat, legen wir nun beiseite und blicken nach vorn auf ein paar tausend Kilometer Entdeckungsreise durch Landstriche und Städte, die wir noch nicht kennen.

Bis nach Istanbul wollen wir es diesmal gerne schaffen, von wo aus wir irgendwann die dritte Etappe starten möchten auf dem Weg durch Südeuropa zurück nach Lissabon, dem Ausgangspunkt unserer Europareise.

Für Klaudia spielt ihr professionelles Interesse eine wichtige Rolle: das Aufspüren von Zei-chen, Spuren und Hinterlassenschaften, die es wert sind, in ihre fotografische Sammlung aufgenommen zu werden.

Die Anreise mit dem Zug haben wir bewusst gewählt, nicht nur, weil wir unsere Räder nicht schon zu Beginn der Reise demontieren wollen, sondern auch, weil wir uns langsam dieser gänzlich anderen Lebensform der kommenden Wochen nähern wollen.

Schön war es, zu hören und zu spüren, wie viele liebe Freunde uns eine sichere Reise und eine gute Heimkehr gewünscht haben.

Dienstag, 31. Juli, Warschau

Obwohl wir uns den Luxus gönnen, nur zu zweit in einem Abteil zu reisen, fühlen wir uns trotzdem wie Sardinen in der Büchse. Wir können uns kaum umdrehen und noch weniger verstehen, wie man hier drin zu dritt schlafen soll, denn dafür sind die Schlafwagenabteile ausgelegt. Aber wir wollen nicht meckern: die Betten sind zwar eng und hart, aber immer noch viel besser als die Nacht im Sitzen zu verbringen.

Der versprochene, in Berlin bei der Zugteilung angehängte Speisewagen ist kaputt, weshalb uns gleich mal das erste Polen-Highlight aus Steffen Möllers "Viva Polonia" entgeht. Dafür bringt der nette Schaffner – jeder Wagen hat einen eigenen – gleich als er merkt, dass wir wach und angezogen sind, Kaffee und Tee zum Runterspülen unseres eingeschweißten weichlichen Schokoladen-Croissant-Frühstücks.

Draußen ziehen malerische Fluss- und Feldlandschaften vorbei, ein Bauer bestellt mit vier Kühen vor dem Pflug sein Feld. So stellen wir uns das Deutschland der 50er Jahre vor.

Bei strahlendem Sonnenschein und bestem Sommerwetter erreichen wir pünktlich den unterirdischen Hauptbahnhof in Warschau. Durch ein Labyrinth von Aufzügen und Rolltreppen kämpfen wir uns mit unseren beladenen Rädern ins Freie. Stuttgart 21 lässt grüßen.

Den Königsweg entlang, die Warschauer Prachtstraße, die 2007 noch eine einzige große Baustelle war, sich jetzt aber modern mit altem Glanz präsentiert, rollen wir in die "alte" Neustadt aus dem 14. Jahrhundert zu "unserem" Hotel, in dem wir 2007 zum Abschluss unserer Tour gewohnt haben. Wir können gleich einchecken und packen die Fahrradtaschen aus und wie könnte es anders sein: es fehlt Klaudias Fahrradwindel. Vielleicht hat der polnische Zugschaffner sich die unter den Nagel gerissen?? So werden wir wohl heute noch ein Sportgeschäft aufsuchen müssen, denn ganz ohne Sitzpolster wird es schwer werden in den kommenden Wochen.

Auf dem Weg ins Stadtzentrum kaufen wir gleich ein paar Postkarten. Ein Touristen-Rikscha-Fahrer, der viele Jahre in Los Angeles gelebt hat und perfekt englisch spricht hält an, bestaunt unsere Räder und will wissen, wie viel wir dafür haben wollen. Aber da geht natürlich gar nichts! Wir unterhalten uns eine Weile, ein interessanter Mensch! Er erklärt uns, wo wir einen Radladen finden und wo wir Landkarten kaufen können und beide Hinweise stimmen exakt. Wir erstehen für teures Geld eine "Pampers" für Klaudia, so heißen die Einsätze für Radhosen hier in Polen und finden im Buchladen nur einen Autoatlas, den wir mangels Alternativen erstehen und ausbeinen: wir behalten nur die für uns relevanten Seiten.

In der Zacheta, der ersten Adresse für Zeitgenössische Kunst in Warschau werden Arbeiten polnischer Künstler aus der Zeit 1919 bis 1944 gezeigt, was uns nicht so furchtbar interessiert. So fahren wir noch eine Runde auf dem Königsweg, holpern über angrenzende Kopfsteinpflasterstraßen und bestaunen die Mischung aus pompöser Protzarchitektur wie den Kulturpalast, der ein Geschenk des russischen an das polnische Volk war, die nahe an die Innenstadt angrenzenden Plattenbauten, die neuen Hochhäusern und Wolkenkratzern und das alte Warschau, das nahezu komplett zerstört und nach dem 2. Weltkrieg fast vollständig wieder aufgebaut wurde.

Ganz extrem von seiner Vergangenheit geprägt ist Warschau eng und untrennbar auch mit der deutschen Geschichte verbunden. Von den Spuren des Krieges ist nicht mehr viel zu sehen, aber wenn man mit offenen Augen hier unterwegs ist – Warschau war 1944 praktisch ausgelöscht – erkennt man, dass dies keine gewöhnliche Stadt ist. Alles wirkt authentisch, auch wenn das, was an Gebäuden heute steht, faktisch aus der zweiten Hälfte des 20. Jahrhunderts stammt. So wie es in Kairo endlos viele Moscheen gibt, steht hier alle paar Meter eine Kirche. Warschau ist eine junge Stadt voller Leben, uneinheitlich, auch beim zweiten Besuch spannend und unbedingt eine Reise wert.

Den Tag lassen wir im Warschauer Museum für Moderne Kunst, wo junge polnische Künstler patriotische Arbeiten zeigen, die man nicht gesehen haben muss, und auf der Hotelterrasse bei einem feinen Abendessen ausklingen.

Mittwoch, 1. August, Warschau

Nach dem opulenten Mahl am Vorabend ist uns eher nach einem leichten Frühstück, zu dem wir uns in der noch völlig ruhigen Altstadt ein sonniges Plätzchen auf der Straße suchen.

Wir machen uns zum zweiten Mal auf, Landkarten zu finden, auf denen auch die kleinen Straßen verzeichnet sind, was nicht ganz einfach ist. Wir werden schlussendlich ein bisschen fündig, müssen uns aber mit den einzelnen Blättern aus einem auseinandergenommenen Autoatlas im Maßstab 1:250.000 zufrieden geben. Wie an vielen Stellen in Warschau klafft vor beiden Buchläden, die wir besuchen, ein großes Loch: Grabungen für die neue Metro, an der schon seit ewiger Zeit gebaut wird. Es heißt, es laufen Wetten darauf, dass diese nie fertig wird – wie daheim in Stuttgart.

Autos mit Fähnchen, Menschen mit Armbinden, die ganze Stadt ist heute in rot-weiß, den Nationalfarben Polens und in rot-gelb, den Farben Warschaus beflaggt. An unzähligen Stellen sind Kränze und Gestecke niedergelegt und Kerzen angezündet, die an die Kämpfe während der Zeit des Warschauer Aufstandes erinnern, der sich heute zum 68. Mal jährt.

Quer durch die Stadt radeln wir nach Süden zum Zentrum Sztuki Wspotczesney, der größten Städtischen Galerie für zeitgenössische Kunst. Vieles erinnert an die Ausstellungen im Schloss Untergröningen auf der Ostalb: nicht nur das Schloss Ujazdow, in dem das Museum untergebracht ist, auch die temporären konzeptuellen Ausstellungen. Interessant ist z.B., wie sich ein Ausstellungsteil im Nachgang zur Fußball-Weltmeisterschaft 2008 in Südafrika und rechtzeitig zur Fußball-Europameisterschaft in Polen und der Ukraine anhand der eingesetzten virtuellen Techniken für Training, Analyse und Vorbereitung von Einsätzen mit der Frage auseinandersetzt, wie sehr sich Fußball und Krieg strukturell ähneln, wobei sich natürlich die Frage stellt, inwieweit das wirklich Kunst ist. Eine andere Ausstellung widmet sich dem polnischen Filmemacher und Künstler Jozef Robakowski, der sich bereits in den 70er Jahren mit experimenteller, innovativer Videokunst befasst hat.

Teil des Schlosses mit schönem Blick über den großen, angrenzenden Park ist das Restaurant Qchina Artystyczna, wo wir bei angenehmen, sommerlichen Temperaturen ganz vorzüglich bewirtet werden. Selbst der Espresso könnte nicht viel besser sein. Was will man mehr? So langsam macht sich Urlaubsgefühl breit.

Vom Süden geht es zurück in den Westen der Stadt, ins Museum des Warschauer Aufstandes, wo zu Ehren des Jahrestages heute der Eintritt frei ist. Es gilt als das modernste

Museum Polens, das mit multimedialen Mitteln den 63 Tage währenden Kampf gegen die deutschen Besatzer dokumentiert. Während des Krieges war der Aufstand der Warschauer Bürger die größte einzelne, bewaffnete Erhebung in Europa gegen die Nazis. Schlussendlich mussten die Warschauer vor der Übermacht der Deutschen kapitulieren, die in der Folge Massenmorde begingen und die Stadt fast vollständig zerstörten.

Der Aufstand begann am 1. August 1944 um 17 Uhr und so läuten jedes Jahr zu genau dieser Stunde zum Gedenken alle Kirchenglocken und die Sirenen heulen. Wir sind in diesem Moment gerade Richtung Denkmal des Aufstandes unterwegs auf dem Königsweg, der voller Menschen ist und alles, der Autoverkehr, Taxis, Busse, Fußgänger stehen auf einen Schlag für einige Minuten still. Wir sind beeindruckt und sehr berührt.

Auf dem Altstadtmarkt ist eine große Bühne aufgebaut, auf der stimmgewaltige Männer und Frauen patriotische Gesänge schmettern. Es herrscht Volksfeststimmung und die Straßen sind überfüllt von Menschen, die diesen Tag bis in den Abend hinein feiern, den auch wir unter freiem Himmel in der Ulica Freta beschließen, wo wir einen polnischen Weißwein probieren und nicht enttäuscht werden.

Donnerstag, 2. August, Warschau - Wilga

Urlaub war gestern, heute ist Tortur! Der Tag beginnt deutlich früher, aber mit einem guten, allerdings auch sauteuren Frühstück in unserem Hotel. Für das Geld packen wir uns noch ein Lunchpaket ein und dann geht es los – per Rad Richtung Süden. Als erstes müssen wir über die Weichselbrücke auf die Ostseite, was noch ganz gut klappt. Wir fahren durch den Stadtteil Praha und weiter auf vielbefahrenen Straßen, immer wieder auf mehr oder weniger gute, kombinierte Rad- und Fußgängerwege ausweichend. Warschau nimmt kein Ende. Nach 25 Kilometern erreichen wir endlich das Ortsausgangsschild und gönnen uns in Jozefow vor einer Konditorei ohne Kundschaft eine Pause und etwas zu trinken. Etwa zehn Kilometer weiter – der Verkehr wird etwas dünner – machen wir im "kulturellen Zentrum" von Karczew Mittagspause, d.h. wir essen unsere Brote vom Frühstücksbuffet auf einer Bank im kleinen Park vor der großen Kirche. Ansonsten gibt es hier nichts Bemerkenswertes.

Im Schatten ist es angenehm, der Wind weht – natürlich aus der falschen Richtung – aber noch ist alles gut. Im Lauf des Nachmittags wird es immer heißer, der Gegenwind bläst zunehmend heftiger und die kleine Straße am Rand des Nationalparks, die wir fahren wollen, entpuppt sich als Sandpiste, die wir zum Teil nur schiebend oder auf einem Trampelpfad durch den Wald bewältigen können. Zwischendurch gibt es auch immer mal bessere Abschnitte. Der Vorteil: es ist ruhig und schattig.

Irgendwann überqueren wir die Schnellstraße 50, wo ein einsamer Tankwart, der nur Autogas und kalte Getränke im Angebot hat, in der prallen Sonne auf Kunden wartet. Er verzieht keine Miene, als wir seine Wasserbestände aufkaufen. Dabei fühlen wir uns wie im Mittleren Westen der USA und ziehen nach kurzer Rast immer noch erschöpft auf der schattenlosen Landstraße weiter.

In Osieck, wo wir unserer ersten Storchenfamilie begegnen, suchen wir in der Kirche Zuflucht zum Abkühlen. Der Ort ist wie alle hier winzig, hat aber eine große Kirche. Man kann nur in den Vorraum, eine große Glaswand hindert uns am Betreten des Kirchen-schiffs. Alles ist in einem super Zustand mit viel Barock. In der Ortsmitte versuchen wir vergeblich einen Kaffee zu finden, es gibt nur zwei, drei kleine Läden, alte Holzhäuser und ein paar Neubauten, ein bisschen wie Wilder Westen im wilden Osten. Wir kaufen statt des Kaffees Bananen und Magnum Eis, verspeisen beides auf den Treppenstufen vor der zugenagelten Eingangstür eines halbverfallenen Holzhauses und kippen jeder einen Liter Wasser in uns hinein.

Die letzte Etappe wird hart: wir fahren etliche Umwege, weil die Straßen plötzlich enden, schieben über Sandpisten und kommen nicht wie gedacht bei unserem Hotel an, sondern irgendwo ganz anders, mitten im Wald, von wo aus es, nachdem wir wieder festen Asphalt unter den Reifen haben, noch mal fünf Kilometer bis Wilga "Zentrum" sind, wo wir uns durchfragen und mit einer Beschreibung auf polnisch und auf Papier das Hotel weitere fünf Kilometer entfernt mitten im Wald finden, nicht weit von dort, wo wir zuvor schon mal waren. Am Ende sind es auf der Tour zum Einrollen statt der geplanten 60 über 80 Kilometer geworden.

In dem Hotel, das wir mangels Alternativen in der weiteren Umgebung von Warschau aus vorgebucht haben – besser gesagt hat das wegen der sprachlichen Hürden ein Hotelan-gestellter für uns erledigt – spricht ausnahmslos keiner englisch, es kostet ein Viertel weniger als uns noch am Abend zuvor mitgeteilt wurde, wir können unsere Räder in der Werkstatt zwischen lauter Spritzmitteln und Chemikalien parken und nach etwas Suchen finden wir auch jemanden, der uns etwas zu trinken und ein Abendessen verkauft. Die gesamte Kommunikation ist voller skurriler Missverständnisse.

Wir sind beide mehr als k.o. und ziehen uns auf der Restaurantterrasse als einzige Gäste unter Dauerbeschallung – das ist überaus beliebt in Polen – ein fettes Abendessen und ein paar Bier rein, bevor wir verdient ins Bett fallen.

Freitag, 3. August, Wilga - Pulawy

Morgens ist es schon warm und das wird auch nicht besser, als wir uns um neun Uhr auf den Weg machen. Heute fahren wir gleich die Bundesstraße 801 – keine Experimente mehr! Wir sind dankbar für jeden Baum, der ein bisschen Schatten wirft, aber es rollt wenigstens und die ersten 25 Kilometer laufen ganz gut. In Maciejowice machen wir Pause. Wieder so ein Ort, der aus einem Platz mit ein paar Läden und in der Mitte einem dürftigen Markt besteht. Auf der Terrasse des lokalen Hotel-Restaurants trinken wir jeder einen Liter Apfelsaftschorle mit viel Eis. Apfelschorle ist hier in Polen eher nicht so gängig. Bekommen haben wir das nur, weil ein Gast, der mal eine Weile in Kanada gearbeitet hat, übersetzt und erklärt, was genau wir wollen.

Die Strecke ist eher langweilig, gerade Straßen, vor jeder Kurve wird gewarnt, rechts und links Wald oder Felder, ab und zu ein Dorf, oft mit alten Holzhäusern, aber auch nicht wirklich prickelnd. Vor allem nichts, wo man Pause machen könnte. Unsere Brote vom Frühstück vertilgen wir – nachdem wir unterwegs in einem der zahlreichen Buswartehäus-chen, wo es wenigstens Schatten gibt, inmitten von Müll und Graffiti schon mal Pause gemacht haben – in der Grünanlage vor der Kirche in Stezya unter einem Storchennest. Eine alte Frau spricht uns an, aber wir verstehen sie genauso wenig wie sie uns. In Deblin wollen wir eigentlich übernachten. Auf der Suche nach einer Bleibe irren wir ziemlich lange und etliche Kilometer vergeblich durch den weitläufigen Ort, der zwar deutlich größer ist als alle bisherigen, aber mal abgesehen von der Militärbasis, von der aus Hubschrauberstaffeln und kleinere Düsenmaschinen Formationsflug üben, auch nicht mehr zu bieten hat. Aus der einzigen Bar im Ort, vor der wir zufällig halten, tritt der Barmann, ein Seemann und ehemaliger Rheinschiffer bei Düsseldorf, der uns ein Bier anbietet und ein Zimmer für 10 Euro. Wir lehnen freundlich ab.

Als wir endlich das angeblich ordentliche Hotel gefunden haben, gibt es dort kein Zimmer für uns. Der Himmel wird immer dunkler und so beschließen wir, möglichst noch vor dem Gewitter mit dem Zug in das etwa 20 Kilometer entfernte Pulawy zu fahren. Auf dem Weg zum weit außerhalb liegenden Bahnhof schauen wir uns noch ein Zimmer in einem kleinen Hotelrestaurant an. Das Bett ist für zwei eindeutig viel zu klein und auch sonst graust es uns hier. Wir erwischen gerade noch den schon bereitstehenden Zug nach Pulawy, wo wir auf einem elend langen, einsamen Bahnsteig mitten im Wald aussteigen. Von dort radeln wir in die Stadt und finden gleich ein Zimmer im 7. Stock des ganz sicher nicht ausgebuchten exkommunistischen Hotels Isabella und verbringen den Abend gegenüber auf der anderen Straßenseite in einem von Einheimischen gut frequentierten Biergarten, natürlich mit voller Beschallung. Der Kaffee schmeckt, das Bier auch, es gibt gute Salate und eine Riesenpizza mit Knoblauchsauce. Touristen gibt es hier keine. Ein polnischer Soldat in Uniform setzt sich vom Nebentisch zu uns und fragt, was wir denn um Himmels Willen hier machen. Das fragen wir uns ehrlich gesagt auch.

Samstag, 4. August, Pulawy - Ostrowiec

Im Frühstückssaal sind vier monströse Tische für eine Hochzeit gedeckt. Neben den Weingläsern stehen schon die Wodkagläser bereit. Alleine sitzen wir an der einzig ungedeckten Tafel. Aus einer Riesenkarte von etwa 15 verschiedenen Frühstücken dürfen wir uns von dreien eines aussuchen. Was man uns hinstellt, ist erbärmlich und der Kaffee absolut ungenießbar. Also machen wir uns fast ungefrühstückt auf den Weg. Es hat angenehm abgekühlt und ist bewölkt und wir brauchen zum ersten Mal unsere Windjacken.

Gestern Abend haben wir uns nicht mehr die Mühe gemacht, ins Stadtzentrum zu gehen. Unser 10-stöckiges Hotel, in dem wir, wie sich herausstellt, neben einem weiteren, einzelnen Radfahrer die einzigen Gäste waren, steht an einer großen Kreuzung. Die Kreuzung ist das Stadtzentrum, wie wir beim Auschecken in Erfahrung bringen. Da haben wir ja wenigstens nichts versäumt.

Die kurze Strecke nach Kazimierz Dolny, wo wir ein Zimmer reserviert haben und heute übernachten wollen, ist ganz schön, nachdem wir die Vorstadt von Pulawy verlassen haben. Zum zweiten Mal sehen wir die Weichsel, an der wir mit mehr oder weniger großem Abstand seit Warschau entlang fahren: ein verträumter Fluss, ungebändigt und nicht für die Schifffahrt begradigt, wilde Ufer, Sandbänke, Vögel, einfach malerisch schön.

In Kazimierz Dolny herrscht großer Trubel. Die zahlreichen Hotels dieses kleinen Städtchens mit seinen Renaissance-Fassaden sind fast alle ausgebucht, der schöne Marktplatz ist mit den neuesten Mercedes-Modellen, einer großen Bühne für Folklore-Darbietungen und mit viel grauenhafter Malerei zugestellt, die zentrumsnahen Nebenstraßen sind in Marktgassen für irgendein Festival verwandelt, was für eins kriegen wir nicht raus, es ist aber auch nicht so wichtig. Das ist uns zu viel Rummel, so dass wir kurzerhand beschließen, den Ort seinem Fest und den vielen Besuchern zu überlassen und weiter zu fahren. Ein paar Kilometer auf dem Damm die Weichsel hinauf gibt es eine kleine Autofähre, mit der wir auf die andere Seite nach Janowicie übersetzen. Ein hübscher, kleiner Ort, vielleicht ist es westlich des Flusses tatsächlich netter.

Nach dem mehr oder weniger ausgefallenen, vitaminlosen Frühstück kaufen wir uns an einer Haustür für drei Zloty, das sind 75 Cent, ein Pfund der dort privat angebotenen Himbeeren, die wir an Ort und Stelle verspeisen. Ein paar Meter weiter stehen wir vor einem nagelneuen Radwegeschild, das uns verspricht, uns in 241 Kilometer nach Krakau zu führen. Wir hatten eigentlich geplant, über Zwolen nach Radom zu fahren, direkt nach Westen, lassen uns aber spontan auf den Wegweiser ein, auch wenn wir nicht wissen, welche Strecke dieser nehmen wird. Auf jeden Fall geht es Richtung Süden und wir sind gespannt, wo wir ankommen werden. Auf den ersten Kilometern steht an jeder noch so kleinen Richtungsänderung ein Schild. Das schafft Vertrauen! Selbst Feldwege, die vorher unwegsame Sandpisten waren, sind mit neuen Betonplatten ausgelegt, die an den Schultern noch nicht verfüllt sind. Alles nagelneu. Doch dann, mitten in der Landschaft an einem Nebenarm der Weichsel ist Ende der Beschilderung. Einfach gar nichts mehr. Wenigstens wissen wir grob, wo wir sind, so nehmen wir unser Geschick wieder selbst in die Hand und folgen der Straße Richtung Nordwesten, weil auf gut 20 Kilometer keine Straßen Richtung Süden in unserer Karte verzeichnet sind. Sumpf, Schilf, Rohrkolben, Tümpel und Auen entlang der Itzanka, einem kleinen Nebenfluss blockieren den Weg nach Süden. Doch überraschenderweise treffen wir mitten in der freien Natur auf eine neu geteerte Straße just in diese Richtung. Was tun? Wir überlegen während unseres Picknicks, das wir nach der Fähre in dem einzigen Dorfladen von Janowicie eingekauft haben: ein Brot, eine rote Paprika, ein halbes Pfund Käse, eine große Wurst, Wasser und zwei Äpfel. Machte alles zusammen 3 .

Wir nehmen schließlich die neue Straße, in der Hoffnung, dass diese nicht irgendwo im Nichts endet. Und das tut sie auch nicht. Durch Kiefernwälder, die nach Sommer duften, fahren wir an abgeernteten Getreidefeldern vorbei, auf denen die gebündelten Strohballen liegen und durch unberührte Naturlandschaften, an denen Polen so reich ist und die es bei uns zuhause kaum noch gibt. Wir treffen sogar wieder auf die Radwegzeichen, jetzt aber unscheinbar auf Bäume gemalt. Offensichtlich sind die Mittel für den Radweg, der angeblich von Danzig bis Krakau quer durch Polen führt, ausgegangen. Schade.

Nach 50 Kilometern ist die winzige örtliche Pizzeria in der Kleinstadt Lipsko der einzige Ort, wo man etwas zu trinken bekommen kann. Die Bedienung spricht etwas englisch, so dass wir einen Eiscafé bestellen, der nach unseren Vorgaben angefertigt wird, denn das gibt es nicht auf der Getränkekarte: doppelter Espresso, zerstoßenes Eis, Wasser und Schoko-Café-Eis aus den Privatbeständen des Inhabers. Schmeckt toll!

Wir kühlen eine Stunde lang ab, sehen wie Usain Bolt im olympischen 100m-Vorlauf trotz Spätstart mit etwas über zehn Sekunden locker gewinnt und fahren dann die restlichen 40 Kilometer im Eiltempo bis nach Ostrowiec, einer mittelgroßen Stadt, wo wir fix und fertig ankommen und im einzigen Hotel noch ein Restzimmer ergattern. Das Hotel verfügt über ein eigenes Restaurant, trotzdem empfiehlt die nette Rezeptionistin das „A Propos", neben einer Pizzeria das einzige empfehlenswerte Lokal in der Stadt, wie sie sagt. Sie ruft noch für uns an, aber leider ist alles ausgebucht. Mit dem Taxi fahren wir trotzdem hin, bekommen einen schönen Tisch und verbringen bei Riesenportionen zu kleinen Preisen, die man sich auch gerne teilen darf, einen sehr netten Abend.

Wir schaffen nicht alles – das kommt sonst bei uns eigentlich nur vor, wenn wir krank sind – brauchen danach einen Wodka und passen beim phantastisch aussehenden Nachtisch. Ob wir morgen noch Rad fahren können, entscheiden wir nach dem Frühstück.

Auf dem Weg zurück ins Hotel wird uns im Taxi noch einmal klar vor Augen geführt, dass Zebrastreifen hier nichts zu bedeuten haben. Wir sind gewarnt.

Irgendwie ist es hier auf dem Land in Polen ein ganz klein wenig wie in Asien, zumindest im Sommer.

Sonntag, 5. August, Ostrowiec - Krakau

Die Distanzen zwischen Orten mit Übernachtungsmöglichkeiten sind in diesem Gebiet Polens sehr groß. Da es in der Region praktisch keinen Tourismus gibt, müssen wir uns bei der Quartiersuche an die größeren Städte halten, die aber alles andere als attraktiv sind. Die für uns ohne Umkehr- oder Schieberisiko befahrbaren Routen beschränken sich zum Gutteil auf die Hauptlandstraßen, die zwar asphaltiert und vergleichsweise moderat befahren sind, aber über weite Strecken ohne große Abwechslung schnurgerade durch Wald- oder Feldlandschaften führen. Da wir beide von den drei Hitzetagen und den recht anstrengenden Etappen etwas mitgenommen und morgen 35° angesagt sind, beschließen wir, die verbliebenen 200 Kilometer nach Krakau mit dem polnischen Intercity zurückzulegen und dort noch einmal eine kulturelle Pause zu machen, bevor wir die Fahrt Richtung Süden über die Tatra und nicht wie ursprünglich geplant über die flachere Strecke in der West-Slowakei fortsetzen.

Auf dem Weg vom Hotel zum Bahnhof passieren wir eine alte Holzkirche, wo der Gottesdienst nach draußen übertragen wird und die Gläubigen mangels Platz in und vor der Tür stehen. Hätten wir nicht vorher im Hotel genau auf den Stadtplan gesehen, wir würden nicht glauben, dass hier überhaupt ein Bahnhof existiert. Dieser besteht aus einem verlassenen Gebäude und zwei komplett mit Gras und Unkraut überwachsenen Gleisen. Da aber ein paar Leute am Bahnsteig sitzen, gehen wir mal davon aus, dass hier auch ein Zug kommen wird. Und der kommt sogar pünktlich! Eine Vor-Vor-Version unserer heutigen, in die Jahre gekommenen Intercity-Züge. Keine Radabteile, keine Klimaanlage. Gepäck und Räder kriegt man nur rein, wenn man zu zweit ist, alles steht im Türeingangsbereich, blockiert die Toiletten und behindert die anderen Fahrgäste. Aber keinen stört es. In Deutschland würde dieser Zug so nie und nimmer losfahren, man hätte uns wohl auch erst gar nicht reingelassen. Die polnischen Schaffner lässt das völlig kalt; was diese eher stresst, sind deren neue Fahrkartenausdruck- und Scan-Maschinen, die gleichen modernen, aber überdimensionierten Apparate, die unsere Bahnschaffner in Deutschland auch benutzen. Der Unterschied: die Polen üben noch und so dauert es einige Zeit, bis unsere knapp 80 cm lange Fahrkarte erstellt, gedruckt und mit 12 Euro für zwei Leute und zwei Räder bezahlt ist. Rausgeben kann der Schaffner nicht. Da er uns noch 80 Groschen schuldet, 20 Cent, pustet er auf ein 1 Groschen Stück und drückt es uns in die Hand. Die Polen sind nicht nur fromm, sondern auch abergläubisch.

Eine ältere Polin, die in Lyon lebt und französisch mit uns spricht, kümmert sich ganz rührend um uns und hilft uns auch beim Ausladen.

Auf dieser Zugfahrt fallen wir regelrecht aus der Zeit: es geht relativ langsam, ein entschleunigtes Vorwärtsbewegen, ähnlich wie beim Fahrradfahren. Der Zug rumpelt mit seinem Klack-Klack über die Schienen, man kann die Fenster aufmachen und es riecht wie früher. Erinnerungen an unsere Kindheit und Jugend werden wach. Wenn wir aus dem Fenster schauen, sehen wir in eine andere Welt und in ein anderes Leben.

Beim knapp zweistündigen Umsteigehalt in Starzysko-Kamienna bricht beim Aussteigen der Radständer an Raimunds Rad – zu schweres Gepäck, wie es scheint. Und dann hat auch noch die Grill-Kebab-Cafe-Bar geschlossen. Es ist Sonntag. Also warten wir auf dem Bahnsteig auf unseren Anschlusszug, der glücklicherweise auf dem gleichen Gleis abfährt. So müssen wir nicht die Räder samt Gepäck die riesenhafte Treppenbrücke rauf und auf der anderen Seite wieder runterschaffen.

Im sehr neuen Hauptbahnhof in Krakau suchen wir eine Weile, bis wir eine befahrbare Rampe am letzten hinteren Ende des Gleises finden, über die wir ohne Abladen und Treppensteigen den Bahnhof verlassen können. Die Aufzüge fahren nicht und die Rolltreppen sind noch nicht fertig.

Wir finden schnell ein Hotel in Altstadtnähe und ziehen ein. Den restlichen Nachmittag verbringen wir auf dem Rynek, dem großen Stadtplatz, wo das Leben tobt und wo wir die Entdeckung Krakaus starten. Wir stürzen uns gleich ins Gewühl und besichtigen die Marienkirche, eine dreischiffige Basilika aus dem 13. Jahrhundert mit zwei unterschiedlichen prächtigen Türmen. Im Chorraum steht der berühmte Altar von Veit Stoß aus Horb am Neckar, ein großartiges Denkmal mittelalterlicher Schnitzkunst. Entstanden Ende des 15. Jahrhunderts, misst er 11x13 m und ist der größte geschnitzte gotische Hochaltar Europas. Das große Hauptbild zeigt das Einschlafen Marias umgeben von den Aposteln. Die Figuren sind 2,70 m hoch und in der Tat höchst realistisch und beeindruckend. Veit Stoß war mit seiner Familie nach Krakau gezogen und lebte dort fast 20 Jahre lang, weil der Stadtrat ihm völlige Steuerfreiheit angeboten hatte.

Bei einem Italiener auf dem Rynek essen wir zu Abend und gönnen uns dann noch ein Eis auf die Faust, mit dem wir der Jazz-Band zuhören, die draußen im Restaurant unter dem alten Rathausturm spielt. Es ist ein wunderbarer warmer Sommerabend, so wie es sie nur ganz selten gibt.

Als wir später in unser Hotel zurückkommen, findet auf einem gegenüberliegenden kleinen Platz eine für unser Gefühl sehr pathetische militärische Gedenkfeier statt. Fackeln brennen, Soldaten in Uniform säumen das Denkmal eines Anführers mit vier Fußsoldaten, die alle gleich aussehen, Veteranen sprechen ein paar Sätze, die wir natürlich nicht verstehen und eine Sängerin gibt ihr Bestes. Geehrt, so finden wir tags darauf heraus, wird Marschall Pilsudski, der Anfang des 20. Jahrhundert tatsächlich ein wichtiger Mann, zeitweise sogar Staatschef in Polen war und den Westmächten bereits 1933 einen Präventivkrieg gegen das Naziregime vorschlug, was diese aber ablehnten. Die Zeremonie trägt religiöse Züge und wirkt auf uns befremdlich, fast lächerlich, hinterlässt uns aber nachdenklich.

Montag, 6. August, Krakau

Wir frühstücken auf dem Rynek. Ein beeindruckender, riesiger Platz, der stark an Venedig erinnert mit seiner Weitläufigkeit, dem übrig gebliebenen Turm des mittelalterlichen Rathauses, der verspielten Renaissance-Architektur, den monumentalen dreischiffigen Tuchhallen, einem früheren Marktgebäude, in dem heute "nur noch" oben die großen polnischen Maler des 19. und 20. Jahrhundert ausgestellt und unten in zahllosen Läden wie in einem arabischen Souk Souvenirs verkauft werden. Es ist rammelvoll darin.

Während der ganzen Zeit, die wir beim Frühstück sitzen, ziehen singende Menschenmassen – Kinder, Jugendliche, Erwachsene und Alte – in Formation mit Rucksäcken und Megaphonen, Fahnen und Schildern vorbei. Einige tausend müssen es bestimmt sein. Vielleicht Pilger? Es hört überhaupt nicht mehr auf, der ganze riesige Rynek ist erfüllt von ihrem Gesang. Der Trompeter, der zu jeder vollen Stunde im oberen Fenster des höheren Turms der Marienkirche erscheint, versucht mit seinem Hornsignal die Gesänge zu übertönen. Wir verlassen unser gemütliches Café, um uns den spektakulären Zug näher anzusehen und kriegen gerade noch die letzten Gruppen aus der Nähe mit. Zwei Touristen neben uns haben in Erfahrung gebracht, dass es sich tatsächlich um Pilger handelt, mehr aber wissen sie nicht. Ein Pole, der ein paar Meter weiter steht, tritt dazu und erklärt uns, dass all diese Menschen in Gruppen in einer Art Sternmarsch aus dem ganzen Land zu Fuß nach Krakau kommen, sich hier sammeln und an der Marienkirche und am Kardinal vorbeiziehen, um dann nochmals rund 100 Kilometer nach Tschenstochau weiterzulaufen, dem berühmtesten Wallfahrtsort Polens.

Wir unterhalten uns ein wenig: der junge Pole lebt mit seiner Familie in der Nähe von London, war mit Frau und Kindern auf Heimaturlaub zur Taufe seines jüngsten Sohnes und nicht zuletzt auf der Flucht vor dem Sommer ohne Sonne in England, wie er sagt. Er hat noch zwei Stunden Zeit, bis er zum Flughafen und zurück zu seiner Arbeit als Datenbank-Programmierer muss. Wir sitzen diese zwei Stunden zusammen im Café, wo wir nebenbei bemerkt absoluten Spitzenespresso trinken und das Lokal auf der Stelle zu unserem Espresso-Stammplatz ernennen. Die Unterhaltung ist höchst interessant, es geht um Polen und um Deutschland, um Feindschaft und Freundschaft, um unsere gemeinsame Geschichte und um das Reisen. Wir hätten gut noch ein paar Stunden sitzen und so weiter reden können!

Es ist brüllend heiß, selbst im Schatten will man sich kaum bewegen. Was für ein Glück, dass wir heute nicht auf einer großen Radetappe durch die schattenlose Hitze sind! In der Touristeninformation buchen wir für morgen eine Fahrt in das etwa 50 Kilometer entfernte Auschwitz/Birkenau und für übermorgen eine Stadtführung.

Danach suchen wir den Fahrradladen auf, den uns der Hotelportier empfohlen hat: die sind mit wirklich allem ausgestattet, aber zwei abgebrochene Schrauben aus dem Fahrradrahmen bohren können sie nicht. Also bleibt nur der Kauf eines neuen Radständers, der leider nicht ganz so stabil ist, wie es der alte mal war. Von jetzt ab wird wohl oder übel ständerlos geparkt, wenn das Gepäck am Rad hängt.

Wir drehen noch eine kurze Runde entlang der Weichsel auf der Suche nach einem Platz am Wasser, aber dafür ist es einfach zu heiß. Ein schattiger Platz auf dem Rynek ist die bessere Wahl, die Mittagshitze zu überstehen. Ein Kunstbunker scheint der richtige Ort für den restlichen Nachmittag zu sein. Ein kurzer Abstecher noch in unsere neue Lieblings-Espresso-Bar, dann stehen wir vor verschlossenen Bunkertüren. Morgen wieder. Na gut.

Auf der Post kaufen wir uns mit Händen und Füßen einen Paketkarton für die erste Heimsendung belastenden Materials, wo man uns freundlich und ausführlich auf Polnisch erklärt, dass nach Kilo abgerechnet wird. Die Preisliste, die irgendwann aus der Schublade gezogen wird, klärt alles auf.

Den Spätnachmittag verbringen wir mit einem langen Spaziergang zum imposanten Wawel, der ehemaligen Residenz der polnischen Könige, einer Burganlage auf einem Hügel über der Weichsel mit Königsschloss und Verteidigungsbollwerk sowie einer Kathedrale, in der die Könige gekrönt und begraben wurden und die wie das ganze Ensemble auf das 14. Jahrhundert zurückgeht. Die Touristen sind fast alle verschwunden, Innenbesichtigungen gibt es heute nicht mehr. Wir lassen die Atmosphäre auf uns wirken und streifen auf unserem Rückweg zum großen Marktplatz und zu unserem Abendessen durch prachtvolle Straßen mit Palästen, Kirchen und herrschaftlichen Bürgerhäusern.

Um 19 Uhr hören und sehen wir wieder den Trompeter der Marienkirche, der jede Stunde das Alarmsignal der Turmwächter bläst und mittendrin abbricht, wie im Jahr 1241, als der damalige Turmbläser vor den Tataren warnte und dabei von einem Pfeil tödlich getroffen wurde. Wir fragen uns, ob der arme Mann jede volle Stunde einmal den 89 m hohen Turm besteigen muss, ob der da oben wohnt oder womöglich vielleicht dort angekettet ist?

Vor uns stehen die weißen Kutschen Schlange, die erstaunlich viele Fahrgäste finden. Eine Kutschentour durch und um die Krakauer Altstadt, warum würde man das wollen? Aus dem gleichen Grund vielleicht, warum Hunderttausende jedes Jahr die Gondeln in Venedig besteigen. Zum Glück singen die Kutscher in Krakau nicht.

Dienstag, 7. August, Krakau – Auschwitz/Birkenau

In der Nacht hat es richtig geschüttet, heute Morgen ist es bewölkt und angenehm kühl nach der gestrigen Hitze. Trotzdem fahren wir auf den Rynek zum Frühstücken, dort sind draußen die Heizstrahler angeschaltet! Wir nutzen die Zeit, um unser Reisetagebuch auf Vordermann zu bringen, bevor wir um kurz vor 12 Uhr am Hotel abgeholt werden zu einer Führung durch das KZ Auschwitz und das Vernichtungslager Birkenau, die rund 50 Kilometer westlich von Krakau liegen.

Der Besucherandrang dort ist groß, pro Jahr kommen etwa eine Million Menschen hierher.

Was soll man davon erzählen?

Das größte KZ und Vernichtungslager der Nazis, das Eingangstor mit dem "Arbeit macht frei"-Schriftzug in Auschwitz und die Entlade- und Selektionsrampe hinter dem "Höllentor" in Birkenau haben sich ins kollektive Gedächtnis eingegraben. Wir besichtigen die beiden Anlagen mit einer deutsch sprechenden polnischen Führerin und es ist nach wie vor unfassbar, was dort geschehen ist, wie Menschen Millionen von Mitmenschen mit einer solch gnadenlosen Präzision und Mitleidlosigkeit quälen und vernichten können. Vor allem die Juden wurden mit Lügen zu ihrer eigenen Deportation gebracht, manche bezahlten sogar für die Fahrt in die Vernichtung. Auschwitz ist heute Gedenkstätte, Museum und Weltkulturerbe – das mit der Kultur ist hier natürlich so eine Sache – und dokumentiert das Lagerleben oder eher -sterben sehr eindrücklich, was sich auch daran zeigt, dass es trotz der vielen Menschen sehr ruhig ist. Mit das Schlimmste bei der Besichtigung sind Berge von Haaren, Koffer, beschriftet von den Eigentümern mit Namen, Adressen, Geburtsdatum und manchmal Beruf, z.B. Pflegerin oder auch Schüler, Unmengen von Kleidung, Schuhen, Töpfen, Rasierpinseln, Kämmen und Bürsten. Alles, was die Deportierten dabei hatten und selbst die Haare wurden ihnen abgenommen, gesammelt und fein säuberlich getrennt. Unglaublich! Auch wenn man das alles schon weiß: hier wird es zur Realität und geht unter die Haut.

In Birkenau haben wir nicht mehr viel Zeit. Es reicht gerade noch für einen kurzen Marsch zur Selektionsrampe und für die Besichtigung von zwei Baracken: eine, in der die Waschgelegenheiten und drei Reihen Latrinen für alle Männer waren, die diese genau zweimal am Tag gemeinsam benutzen durften (natürlich ohne jeglichen Sichtschutz) und eine Schlafbaracke. Dann geht es wieder zurück nach Krakau, wo wir am Hotel abgeladen werden.

Das war heute kein so schöner, aber ein wichtiger Ausflug. Wenn man hier ist, muss man sich das ansehen, vor allem als Deutsche.

Am Abend essen wir in einem netten kleinen Restaurant in der Nähe unseres Hotels zu Abend, das tut gut nach diesem Tag, so wie der Wodka, mit dem wir uns schon angefreundet haben.

Mittwoch, 8. August, Krakau

Heute ist Stadtführung. Pünktlich um zehn Uhr treffen wir den vorgestern gebuchten Guide, einen älteren Herrn, der seit 36 Jahren Touristen durch die Stadt begleitet. Er spricht ruhig und konzentriert und beschert uns fünf überaus kurzweilige und spannende Stunden. Nach dem DuMont Motto: "man sieht nur, was man weiß" entdecken und erfahren wir von und mit ihm vieles über die Stadt und ihre wechselvolle Geschichte, über Bauwerke, Architekten, Heilige, über berühmte und wichtige Persönlichkeiten und wir hören Sagen und Legenden.

Unsere erste kleine Pause auf den Spuren der Krakauer Geschichte machen wir im Innenhof des ältesten Gebäudes der ehrwürdigen Krakauer Universität, der zweitältesten in Europa nach Prag. Gegründet im 14. Jahrhundert hat Nikolaus Kopernikus hier schon studiert. Jeden Tag um 11 Uhr öffnen sich zwei Tore oberhalb der großen Uhr, wo Gründer, Würdenträger und Förderer der Universität als armlange Puppen am staunenden Publikum vorbei marschieren.

Auf dem Rynek stehen wir vor dem Haus, in dem J.W. Goethe 1790 für drei Tage logierte und an seine Freunde in Deutschland schrieb, dass er so gar nichts Bemerkenswertes finden könne in dieser Stadt. Hier irrte Goethe!

Krakau, das im 2.Weltkrieg praktisch unversehrt blieb, war bis 1609 die Hauptstadt Polens und auch nach deren Verlegung nach Warschau fanden weiterhin die Krönungen und die Beisetzungen der polnischen Könige hier in der Kathedrale auf dem Wawel, dem Schlossberg statt.

Wir nehmen uns viel Zeit für deren Besichtigung mit all den Gräbern der für Polen wichtigen Könige, Volkshelden und Dichter. Neben einer Reliquie des verstorbenen Papstes Johannes Paul II, eine in ein silbernes Buch eingelassene Phiole mit etwas von seinem Blut, befindet sich in der Gruft neben dem Grab von Marschall Pilsudski, den wir hier wiedertreffen, auch der pharaonenhafte Sarkophag des 2010 bei einem Flugzeugabsturz ums Leben gekommenen ehemaligen polnische Staatspräsidenten Lech Kaczynski und seiner Frau, deren "Einlagerung" in der Kathedrale in mehreren polnischen Städten Proteste ausgelöst hat. Wir können das nachvollziehen.

Bei einer Kaffeepause erfahren wir, dass unser Führer ausgebildeter Lehrer ist, in diesem Beruf aber zu wenig verdiente und deshalb Fremdenführer geworden ist. Ein junger Lehrer bekommt heute 1600 Zloty, das sind gerade mal 400 Euro, nach 20 Dienstjahren sind es 200 Euro mehr. Trotzdem kann man, wie er sagt, wenn man spart, mit dem Geld bescheiden leben – eine typische Mietwohnung kostet zum Beispiel rund 125 Euro – sicher aber kann sich jemand mit so einem Einkommen nichts von all dem leisten, was das moderne Krakau den Touristen und seiner gut verdienenden Oberschicht zu bieten hat, einschließlich Café- oder Restaurantbesuche.

Krakau lebt mit seinen 800.000 Einwohnern, wovon 200.000 Studenten sind, weitgehend von den zehn Millionen Touristen, die jedes Jahr in die Stadt kommen. Industrie gibt es kaum noch im Vergleich zu der Zeit vor der Wende, wo alleine 40.000 Menschen im Krakauer Stahlwerk gearbeitet haben. Heute sind es noch etwa 1000.

Weiter geht es im großen Schlosshof, der tatsächlich fast so aussieht, wie der Innenhof des Alten Schlosses in Stuttgart, nur viel größer. Erbaut wurde er von zwei italienischen Architekten im Renaissance-Stil. Die Nazis missbrauchten das Schloss während der Besetzung Polens als Hauptquartier, Wohnstätte für den Oberkommandierenden, Kino und Bierstube. Die umliegenden Synagogen wurden zu Pferdeställen umfunktioniert. Auf dem Weg durch Kazimierz, dem ehemaligen jüdischen Viertel, bringt unser Stadtführer uns das Leben der Juden nahe, die vor dem Holocaust mit 60.000 Bürgern ein Viertel der Stadtbevölkerung ausmachten. Kazimierz hat heute ein sehr alternatives Flair, jede Menge Kneipen und Restaurants sowie viel Renovierungsbedarf und erinnert streckenweise an manches Viertel im Berlin von vor zehn Jahren. Heute leben nur noch 200 bis 300 meist alte Juden in Krakau.

Wir besichtigen mehrere Synagogen, den jüdischen Friedhof und streifen dann allein noch lange durch dieses Viertel, in das die Juden Ende des 15. Jahrhunderts zwangsumgesiedelt wurden.

Den Restnachmittag verbringen wir im liebenswerten Books & Coffee am Maria Magdalena Platz, wo die Abendsonne auf die barocke Fassade der Peter- und Paul-Kirche scheint, die Pferdekutschen auf Fahrgäste warten, Kinder am Brunnen spielen und ein Gitarrist die Szenerie musikalisch untermalt. Wir könnten leicht noch ein paar Tage hier verbringen und finden, dass man Krakau unbedingt gesehen haben muss!

Donnerstag, 9. August, Krakau – Mszana Dolna

Heute stehen wir mal wieder früh auf, packen unsere Sachen, frühstücken im Hotel und machen uns auf den Weg zum Bahnhof, wo wir noch ein Paket Richtung Heimat auf den Weg bringen – fünf Kilo, die wir nicht mehr die Berge raufschleppen müssen! Es ist noch angenehm kühl und bedeckt, aber die Sonne lässt sich schon wieder blicken. Wir haben noch Zeit, bis unser Zug abfährt nach Wieliczka, einem Vorort von Krakau – wir wollen so den schlimmsten Verkehr aus der Stadt heraus vermeiden – und stehen in dem großen Hauptbahnhof auf einem fast menschleeren Bahnsteig. Die Polen fahren offenbar lieber Bus. Der Hotelportier hat uns auch ganz erstaunt gefragt, warum wir denn überhaupt mit dem Zug fahren wollen. Der kleine Vorortzug ist wieder so ein wunderbar altes Modell, diesmal aber mit breiten Türen, durch die die Räder samt Gepäck problemlos durchpassen und mit einem extra Rad- bzw. sonstigem Gepäckabteil. Kaum haben wir unsere Drahtesel eingeladen, kommt der Schaffner und bedeutet uns, dass wir weiter vorne einsteigen müssen, also das Ganze wieder retour. Zwei Stationen weiter wissen wir warum: der hintere Zugteil wird abgehängt.

In Wieliczka ist Endstation, mitten im Zentrum des netten Städtchens. Wir schwingen uns auf die Räder und ohne jede Vorankündigung geht es bei heftigem Verkehr sofort bergauf und zwar ziemlich steil – aber es hilft alles nichts. Zumindest die Temperaturen sind radfahrerfreundlich, die Landschaft ist schön, es gibt viele nette Dörfer, alles wirkt sauber und ordentlich, nur an den Straßenrändern liegt der Müll, vor allem McDonalds lässt grüßen, und in der Ferne drohen im Dunst die Berge der Tatra. Das, was wir mühsam hochgefahren sind, fahren wir irgendwann fast alles auch wieder runter. Vor Dobczyce überqueren wir den oder die Raba auf einer himmelblauen Brücke und machen im Ortszentrum in einem netten Café Pause, das ist hier im Gegensatz zur letzten Woche kein Problem mehr. Dann geht es für eine ganze Weile relativ entspannt durch ein Flusstal, rechts und links Wald oder abgeerntete Felder und Wiesen, auf denen wie bei Monet noch handgemachte Heuhaufen auf hölzernen Pyramiden stehen, manche erinnern an Bären ohne Kopf. Mittagspause machen wir im schattigen Garten einer Pizzeria, wo wir uns einen Eistee kaufen und dazu unsere mitgebrachten Brote essen. Das würde zu Hause nicht gehen. Dann kommt noch einmal eine veritable Bergetappe, allerdings auf einer kleinen Straße mit wenig Verkehr. Nicht nur wir, auch die Räder ächzen und die letzten Meter des 12% steilen Anstiegs schieben wir. Als Belohnung gibt es schöne Ausblicke und eine lange Abfahrt, aber damit ist natürlich auch die ganze Strampelarbeit wieder perdu.

In Mszana Dolna, unserem Etappenziel, haben wir 600 Höhenmeter hinter uns, befinden uns aber gerade mal 200 m oberhalb von Krakau. Immerhin ein Anfang. Verwöhnt vom Eisüberangebot auf den letzten Etappen suchen wir solches im Ort vergeblich und „begnügen" uns am Ende mit einem Magnum aus dem Supermarkt. Obwohl recht groß, hat Mszana Dolna nicht viel zu bieten, nicht einmal Postkarten finden wir, dafür aber ein ruhiges Hotel in einem ehemaligen Schloss, etwas außerhalb, wo es abends gute polnische Hausmannskost gibt als Stärkung für die morgige Etappe: Reibekuchen wie früher von Muttern mit Fleisch und Pfifferlingen, Krautsalat und Bigos, einen sehr leckeren Fleisch-Sauerkraut-Eintopf. Dazu trinken wir Carlsberg Bier aus Dänemark, weil es was anderes hier im Hotel nicht gibt. Das schmeckt natürlich auch, ist aber eher unverständlich, denn die Polen brauen selbst genug gute Biere.

Freitag, 10. August, Mszana Dolna - Czorsztyn

Frühstück gibt es im Restaurant, das wie ein kleiner Rittersaal wirkt mit dem wuchtigen Eichengestühl, den gemauerten Wänden und dem großen Kamin, wo wir gestern auch unser üppiges Abendmahl verzehrt haben für ganze 12,50 Euro pro Person. Überhaupt war das ehemalige Schloss der ideale Übernachtungsort für Radler: alle waren total nett, nicht nur an der Rezeption und im Restaurant, auch die Polen am Nebentisch, die uns etwas von ihrer Vorspeise abgaben, weil wir so interessiert schauten: ein süß-saurer Toast, der nicht auf der Karte steht und von der Küche für diese Gäste extra gemacht wurde, dazu große und schöne Zimmer, gutes Essen und Trinken und alles auch noch sehr günstig: 22,50 Euro kostete die Übernachtung mit Frühstück pro Person.
Es ist bewölkt und sehr kühl und es sieht nicht so aus, als ob wir die Sonne heute sehen würden. Auf jeden Fall kommen zum ersten Mal unsere Jacken zum Einsatz. Der nette junge Mann, der uns gestern Abend seinen Toast abgab, verabschiedet sich auf Deutsch von uns, als wir mit unseren gepackten Rädern abfahrbereit vor der Tür stehen und Klaudia bekommt den zweiten Handkuss ihres Lebens. Den ersten gab es vor fünf Jahren, auch in Polen, von unserem damaligen Führer in Thorn, der aber deutlich älter war.
Wir fahren vom Hotel aus entlang der Mszana auf der Landstraße 968. Es steigt stetig, erst langsam, dann wird es immer steiler und nach 15 Kilometern erreichen wir den unscheinbaren Pass auf 750 m Höhe. Die Sonne hat sich inzwischen doch wieder blicken lassen, immer im Wechsel mit dicken Wolken, die auch schon mal ein paar Tropfen verlieren, aber es reicht nie zum Nasswerden. Nassgeschwitzt sind wir aber trotzdem, nur gut, dass es nicht mehr so heiß ist! Wir kaufen eine große Flasche Wasser im winzigen Lädchen am Pass und rollen dann 15 Kilometer bergab. Das ist toll! Kann es nicht immer so sein, aber ohne dass wir uns vorher bergauf quälen müssen?
Unterwegs begegnen wir drei totgefahrenen Füchsen und einem Dachs in ähnlich schlechtem Zustand. Die Landschaft erinnert uns sehr an den Schwarzwald und in Lubomierz machen wir Pause in einem Café an der Straße, in dem Raimund die gesamten Gummibären-Vorräte aufkauft. Auf der gegenüberliegenden Straßenseite hält ein alter Pole mit seinem vorsintflutlichen Pferdewagen und verkauft Äpfel. Die Szene wirkt wie aus einer Welt von vor 40, 50 Jahren, allzu lange wird man so etwas gewiss nicht mehr erleben können.

Inzwischen hat der Fluss, an dem wir entlangradeln, gewechselt und heißt Kamienica. Die Landschaft ist sehr malerisch und im gleichnamigen Ort machen wir in einer kleinen Bar abseits der Straße mit Blick auf Fluss mit blauer Brücke vor Bergen die zweite Pause draußen in der Sonne, bis es wieder düster wird. Wir essen unsere Brote und trinken die dort gekaufte, selbstgemischte Johannisbeerschorle. Der Barmann, der in der Sonne saß, verkrümelt sich, als wir ankommen. Wir folgen ihm, er spricht nur polnisch und so können wir nur auf das zeigen, was wir wollen. Sehen lässt er sich nicht mehr, sondern sitzt die ganze Zeit stoisch drinnen in seiner Bar.

Bei Zabrzez kommen wir auf die Landstraße 969 und an den Dunajec, einen beeindruckenden, breiten Fluss, der träge dahinfließt, mit vielen Steinen, ab und zu einer Insel und Möwen. Leider ist die Straße die Hölle: die Autos brettern unablässig an uns vorbei. Hier zu fahren macht keinen Spaß. Nach 50 Kilometern erreichen wir Kroscienko, wo richtig was los ist: viele Läden und Restaurants, eine ganz neue und eine alte Kirche, Eisdielen, ein einsamer Kutscher, der auf Kundschaft wartet und jede Menge Menschen, z.B. eine große Gruppe Jugendlicher mit Rucksäcken, die in die Café-Eisdiele einfällt, in der wir gerade im Garten sitzen mit Kaffee und Himbeer-Sahne-Waffeln, die wir – weil völlig ohne Ahnung, was Waffel und Himbeere auf Polnisch heißen könnte – nur erstehen konnten, weil eine nette polnische Dame, die gerade ihren letzten Bissen Waffel einschiebt, mit uns an die Selbstbedienungstheke geht und der Verkäuferin erklärt, was genau wir wollen.

Das vermeintliche "Gebäck", das Raimund vor der Entdeckung der Waffeln wenige Meter weiter auf dem kleinen Platz bei einer Polin erstanden hat, entpuppt sich nach ersten Verdachtsmomenten wegen des überraschend hohen Gewichts als geräucherter Käse, der nicht nur wenig zum Kaffee passt, sondern – uns zumindest – auch nicht schmeckt.

Wir überlegen, ob wir hier übernachten, Hotels und Pensionen gibt es etliche, entscheiden uns aber, da es erst halb drei ist, noch ein Stück weiterzufahren. Es werden zehn harte Kilometer, mit grauenhaftem Verkehr, Gegenwind und es geht ständig bergauf, erst noch mäßig, dann aber richtig steil, so dass wir am Ende wieder mal schieben, in der Hoffnung, dabei nicht wie Fuchs und Dachs platt gefahren zu werden.

Schließlich kommen wir in Czosztyn an – schwer auszusprechen und auch nicht leichter zu schreiben – mit tollem Ausblick auf die Berge, auf das Tal, das wir unter uns gelassen haben und auf den großen See ganz in der Nähe. Wir landen in einem indischen Wellness-Hotel, in dem trotz der mittlerweile kühlen Außentemperaturen die Klimaanlage auf vollen Touren läuft und das Restaurant in einen Eisschrank verwandelt – ziemlich abstrus!

An unserem letzten Abend in Polen – morgen früh wollen wir die Grenze zur Slowakei überqueren – essen wir indisch, so dass Klaudia leider nicht wie gewünscht noch einmal in den Genuss einer polnischen Riesen-Pizza kommt.

Samstag, 11. August, Czorsztyn

Es regnet schon morgens richtig. So haben wir keine Lust, über den 1000m-Pass zu radeln, da sieht man noch nicht einmal etwas als Belohnung für die Quälerei und bergab fahren ist bei Regen auch kein Vergnügen.

Wir gehen erst mal frühstücken – ein schönes Buffet, an dem es auch indische Schmankerln gibt, wie die leicht scharfen Samosas. Da es danach noch genauso grau und nass ist, bleiben wir eben noch einen Tag in Polnisch-Indien. Statt uns die Zeit in dem kleinen Hotelpool zu vertreiben, wo sich schon andere tummeln, ziehen wir unsere Regensachen an – dafür haben wir die ja schließlich mitgenommen – und laufen bergab Richtung Czorsztyn-See, einem großen Stausee, den man vom Hotel aus weit unten liegen sieht.

Auf der gegenüberliegenden Seite steht eine große Burg und an unserem Ufer eine Burgruine, die wir für fünf Zloty besichtigen. Vom Turm hat man einen wunderbaren Blick auf den nebel- und regenverhangenen See und auf die Landschaft drum herum. Von den Bergen, wir befinden wir uns schließlich am Fuß der Hohen Tatra, ist allerdings nicht viel zu sehen. Aber wir können die kleinen Passagierboote auf dem See beobachten, einen Schaufelraddampfer, der seine Kreise zieht und ein Wettschwimmen von einer Seite des Sees zur anderen und das bei geschätzt höchstens 12 Grad Lufttemperatur.

Im Treppenaufgang zur Aussichtsplattform hängen vergrößerte Abbildungen von alten Postkarten, die uns eine gute Vorstellung davon vermitteln, wie es hier in der Umgebung vor gut 100 Jahren ausgesehen hat. Wir kraxeln noch durch den Wald bis ganz zum Seeufer hinunter und fast könnten wir dem Regen dankbar sein, denn sonst wären wir an diesem schönen Fleck Erde wohl einfach vorbeigeradelt.

Wir laufen weiter zum Bootsanleger, entscheiden uns aber gegen eine Schiffsfahrt im Regen, von der wir auch gar nicht wissen, wohin sie geht und ignorieren die Verkäufer von geräuchertem Käse, mit dem wir gestern schon das zweifelhafte Vergnügen hatten.

Die Angestellten der drei Lokalitäten am Steg versuchen, ihre Tische und Bänke im Freien trocken zu wischen. Die hoffen wohl noch auf besseres Wetter heute.

Zurück oben im Ort, setzen wir uns in ein Restaurant direkt gegenüber unserem Hotel. Der Gastraum ist rustikal-gemütlich, ganz aus grobem Holz eingerichtet wie eine richtige Berghütte. Es gibt nur eine polnische Speisekarte und die Bedienung spricht so gut wie kein Englisch. Hier ist zwar eindeutig ein beliebtes Feriengebiet, aber auf ausländische Touristen ist man noch nicht so recht eingestellt. Macht nichts, wir schaffen es trotzdem, einen Salat, eine gute Suppe und zum letzten Mal mit Kraut und Pilzen gefüllte polnische Piroggen zu bekommen.

Den Rest des Nachmittags, an dem es ununterbrochen weiterregnet, verbringen wir mit kniffeln, dem Planen unserer Strecke durch die Slowakei und durch Ungarn bis Budapest und dem Sichten unserer bisher gemachten Fotos.

Abends können wir wegen der großen Hochzeitsfeier im Hotel, für die am Vorabend schon alles festlich eingedeckt war, noch nicht mal wie gestern am Katzentisch des Restaurants essen, sondern müssen in die dem Hotel angeschlossene Pizzeria ausweichen und so kommt Klaudia doch noch einmal in den Genuss einer polnischen Riesenpizza!

Sonntag, 12. August, Czorsztyn (PL) - Kezmarok (SK)

Früh aufstehen, frühstücken, packen, das Übliche. Der Himmel ist verhangen, die Straßen sind nass, aber es regnet nicht. Noch nicht. Vorbei an drei, vier Pizzerien, die wir bei unserer Ankunft übersehen hatten, verlassen wir den kleinen Ort und düsen erstmal kräftig berg-ab, vorbei an Kühen mit bimmelnden Glocken, an Schafherden und Heuhaufen und an früh aufgestandenen Pilzsammlern, die bereits Körbe voll prächtiger Pfifferlinge feilbieten. Mit Blick auf ein nebliges Bergpanorama erreichen wir die Staumauer des Czorsztyn-Sees und sehen das große Schloss noch einmal von der anderen Seite.

Ein paar Kilometer weiter passieren wir die Grenze zur Slowakei mit der ehemaligen Zollstation, einer tonnenförmigen Holzkonstruktion, die aussieht wie eine große, offene Scheune. Heute steht hier keiner mehr. Die Slowakei ist Mitglied der EU und gleich an der ersten Tankstelle sehen wir, dass man hier mit Euro bezahlen kann: Diesel kostet 1,43 Euro. Aber wir müssen ja nicht tanken und so fahren wir weiter durch Spisska Stara Ves die ersten Kilometer auf slowakischem Boden.

Die kleine Stadt wirkt ziemlich ausgestorben, einzig in der Kirche ist Leben, dort ist Messe und wie in Polen stehen die Menschen bis vor die Türen. Auch das Eiscafé hat schon geöffnet, aber wer will um diese Zeit und bei diesen frostigen Temperaturen Eis? Alle anderen sind wahrscheinlich noch im Bett, wohl das Beste, das man an so einem Sonntag machen kann.

Keine Viertelstunde später beginnt es zu regnen. Weit und breit ist nichts zum Unterstellen in Sicht und so sind wir schon nass, als wir ein gutes Stück weiter im nächsten Dorf das Bushäuschen erreichen, das im Gegensatz zu den polnischen ohne Müll und Graffiti aus-kommt. Hier können wir mit unseren Rädern wenigstens im Trockenen warten, bis der Regen nachlässt. Das dauert eine Weile, aber irgendwann wird es etwas heller und wir fahren weiter.

Im Dorf läuten die Glocken und es scheint, als ob alle Bewohner im Sonntagsstaat mit dem Gesangbuch in der Hand zu Fuß auf dem Weg zur Kirche sind, ein Bild, das man bei uns schon sehr, sehr lange nicht mehr sieht.

Wir fahren die ganze Zeit ein Flusstal aufwärts, ein wahres Idyll. Links von uns plätschert der wilde Bach und rundherum nichts als saftige grüne Bergwelt. Diesmal sehen wir bis auf einen slowakischen Fuchs vor allem überfahrene Schnecken, Kröten und Katzen, es riecht nach feuchter Verwesung und geht stetig bergauf, gut machbar, nicht zu steil, kaum einmal mehr als sieben, acht Prozent. Zum Glück herrscht sehr wenig Verkehr auf der verhältnismäßig breiten Straße, bestimmt weil Sonntag ist. Unterwegs treffen wir zum zweiten Mal seit Warschau auf einen anderen Reiseradler, der den Berg hinunter winkend an uns vorbeischießt.

Oben am Kamm kommt fast die Sonne hervor. Trotz Nebel und Wolken haben wir einen tollen Ausblick auf das Tal unter uns und vor uns. Für die lange, schnelle Abfahrt ziehen wir alles an, was wir haben. Es ist so kalt, dass unser Atem Wolken bildet. Die hohen Berge sind immer noch verhüllt und lassen sich nur erahnen.

In Spisska Bela drehen wir zwei Runden, finden aber nichts wirklich Einladendes und landen schließlich in einem fensterlosen Kellerlokal mit zweisprachiger Speisekarte, slowakisch und deutsch, wo man für unglaubliche 2,62 Euro ein Menü bekommen kann: Suppe und paniertes Schnitzel mit Kartoffelsalat. Ob es auch noch Nachtisch gibt, sehen wir nicht mehr. Wir beschränken uns auf Tee und sehr guten türkischen Kaffee und wundern uns über die Preise wie zu Omas Zeiten, zum Beispiel die Flasche Wein für 3 Euro, aber dafür ist es uns noch etwas zu früh am Tag.

Ein paar Kilometer weiter erreichen wir Kezmarok. Wir hätten gerne gewusst, wohin es zum Zentrum der Stadt geht, aber das riesige Verkehrsschild am Kreisverkehr sagt uns nur, in welcher Richtung die beiden nächstliegenden Städte liegen und wohin wir müssen, wenn wir zu Lidl wollen. Unfassbar.

Nach kurzem Suchen finden wir unsere Pension, in der uns ein überraschend großes und tiptop ausgestattetes Zimmer erwartet, eher eine modern eingerichtete Wohnung, sehr behaglich und weit besser, als so manches Hotel, in dem wir bisher übernachtet haben. Wir sind die einzigen Gäste, die Rezeptionistin sitzt nur für uns am Empfang und bietet uns nach dem Einchecken einen Slibowitz an, den wir dankend ablehnen.

Die Sonne zeigt sich noch richtig und für kurze Zeit wird es sogar ein wenig warm, während wir das beschauliche Städtchen erkunden, in dem bis 1944 ein Drittel der Bewohner Deutsche waren. Das Zentrum ist voll von denkmalgeschützten Bürgerhäusern in allen Farben, die teilweise perfekt renoviert, teilweise noch sehr renovierungsbedürftig sind und einen morbiden Charme versprühen. Auf dem Stadtplatz steht ein klassizistisches Rathaus und am anderen Ende der Fußgängerzone ein großes Schloss, dessen Besichtigung wir uns sparen. Die sehenswerte Holzkirche von 1717 ist Weltkulturerbe und leider genauso verschlossen wie alle anderen Kirchen hier. Morgen um 14 Uhr machen sie wieder auf, aber da sind wir leider schon wieder weg. Schade.

Auf dem Weg durch die Fußgängerzone zeigen sich dann zum ersten Mal die Gipfel der Hohen Tatra, das ist schon sehr imposant!

Am späten Nachmittag bricht ein Gewitter los und es regnet nochmals heftig, das macht uns jetzt aber nichts mehr aus, denn wir sitzen im Trockenen. Zum Abendessen gehen wir ins Hotel Hviezdoslav. Das ist auch ein schöner Ort, um in Kezmarok zu übernachten. Unser slowakischer Kellner spricht perfektes Deutsch, denn er hat viele Jahre in Österreich und in der Schweiz gearbeitet. Es gibt eine komplett deutsche Speisekarte und da das Lokal heute Abend wenig besucht ist, unterhalten wir uns lange und intensiv über die Slowakei, die ungleiche wirtschaftliche Entwicklung im Land, über die rund 10% Roma und die Region um Kezmarok und erfahren vieles, das ganz sicher nicht in den Reiseführern steht. Wir reden so lange, dass das Küchenpersonal schon nach Hause gegangen ist, als wir einen Nachtisch bestellen. Der nette Kellner lädt uns zu einem hausgemachten Beeren-Tiramisu ein und wir trinken einen ganz hervorragenden Slibowitz dazu. Dafür ist jetzt die rechte Zeit.

Montag, 13. August, Kezmarok - Revuca

Ein sonniger, kalter, windiger Oktobermorgen. So fühlt es sich an, als wir die ersten Meter aus Kezmarok herausrollen. Die Städte und Dörfer im Zipser Gebiet, deren Ursprung fast ausnahmslos in deutschen Siedlungen liegen, haben quadratische weiße Kirchenglockentürme, die aussehen wie mit Flammen verzierte Wehrtürme, auf denen hin und wieder ein Storchenpaar nistet.

Wir haben heute Glück und den Wind im Rücken, worüber wir am Abend sehr dankbar sein werden. Gleich zu Beginn geht es immer wieder kurz steil bergan und gleich wieder bergab, wie in England. Noch bevor die heutige Bergetappe richtig anfängt, haben wir schon 350 Höhenmeter in den Beinen. Am Ende werden es über 1100 sein, zu viel mit all dem Gepäck.

Wir halten ein ums andere Mal, um Fotos zu machen von dem grandiosen Blick, den wir von unserer Straße auf das Bergmassiv der Hohen Tatra haben. Der Verkehr ist lästig, immer wieder gibt es Auto- und LKW-Fahrer, die nicht warten können und trotz Gegenverkehr knapp an uns vorbei brettern. Richtig höllisch wird es auf den drei unvermeidbaren Kilometern Fernverkehrsstraße auf dem letzten Stück vor Spissky Stvrtok, wo wir dann auf eine kleine Straße abbiegen können und ziemlich entnervt Pause in einer Pension-Restaurant-Bar machen. Drinnen läuft laute Techno-Musik, die uns schon nach wenigen Minuten das Gehirn zermürbt. Wir bitten um Erlösung, das Radio wird leiser gedreht, zumindest solange wir da sind, und wir fragen uns, wie man das den ganzen Tag aushält. Vielleicht sind wir einfach schon zu alt.

Die nächsten 25 Kilometer sind vielleicht die schönsten, die wir bisher gefahren sind. Eine kleine, fast verkehrsfreie, im Übermaß geflickte, aber künstlerisch nicht wertvolle Straße führt uns hinauf in den Berg, die meiste Zeit entlang eines kleinen, wilden Gebirgsbaches mitten durch den Narodny Nationalpark, wo viele Wanderer unterwegs sind. Wir wollen unterwegs etwas essen, stehen aber nur vor den Ruinen eines großen, abgebrannten Restaurants und das andere, auf das ein Schild an einem Parkplatz hinweist, hat geschlossen. Zum Glück haben wir noch unsere zwei Leberwurst-Hörnchen vom Frühstück!

Oben am Pass auf 1000 m treffen wir drei Wanderer aus Meißen, mit denen wir uns eine Weile unterhalten und die uns den Besuch einer Eishöhle etwas weiter unten ans Herz legen. Wir lassen es laufen auf den vier Kilometern Abfahrt auf bester, neu geteerter Piste und biegen kurze Zeit später auf eine der von uns gefürchteten Schnellstraßen ein. Eine andere Straße gibt es nicht. Wir sind überrascht, dass hier praktisch überhaupt kein Verkehr herrscht und so erreichen wir schnell das Restaurant am Fuß der Eishöhle. Wir frieren schon genug und so verzichten darauf, die 130 Höhenmeter hinauf zu klettern und begnügen uns mit den Fotos und den schrecklichen Gemälden von der Höhle auf dem Parkplatz und im Restaurant.

Wir bestellen uns etwas, bitten darum, die laute Techno-Musik abzustellen, was man auch tut und überlegen, ob wir uns drei Stunden Warten ersparen und den früheren Zug noch kriegen, wenn das Essen schnell kommt und wir es flott verspeisen. Es kommt, wir schlingen und düsen zum kleinen Bahnhof, den man niemals finden würde, wüsste man nicht, dass da einer sein muss. Ein paar Zuggleise mitten in der Landschaft, die fast surreal wirken. Das kleine Bahnhofsgebäude daneben sieht aus wie vor 100 Jahren, mit winzigem

Wartesaal und einem Extrazimmer mit allerlei altertümlichen Utensilien für den jungen Bahnhofsvorsteher, der tatsächlich aus dem Häuschen kommt, als der kleine Schienenbus mit etwas Verspätung einfährt.

Wir schaffen Räder und Gepäck in den hinteren Wagenteil, wo uns die gut genährte, unwirsche Schaffnerin den Fahrpreis ausrechnet und nicht rausgeben kann. Mit dem Zug überbrücken wir 12 Kilometer Fernverkehrsstraße, von der wir angenommen haben, sie sei zu stark befahren. Das war sie nicht, wie wir erkennen können, aber wir sehen auch, dass dort, wo der Zug einfach im Tunnel verschwindet, die Straße sich in die Höhe windet. Gut so, wir hatten genug Berge heute.

Die Landschaft, die draußen an uns vorbeizieht, ist eine Mischung aus Schwarzwald und Allgäu. Selbst gemachte Heuhaufen gibt es keine mehr, stattdessen die in weißer Folie verpackten Silagefutterpakete, die wie bei uns auf den Wiesen liegen. Im Hintergrund steht ein hoher, kahler Gipfel mit Sendemast, der wie der Mont Ventoux aussieht und wie nach dessen Erklimmung fühlen wir uns auch!

An der Endstation – man erwartet eine Stadt oder wenigstens ein Dorf – ist es noch trostloser als beim Einsteigen, wir kommen uns vor wie am Ende der Welt: es fährt ein Zug nach Nirgendwo.

Wir biegen in unsere Landstraße ein, die verkehrsarm ist, aber gleich richtig steil. Auf der schnellen Abfahrt hinunter in das Dorf Muranska Huta, wo wir übernachten wollen, sehen wir von weitem schon die steile Rampe, die auf der anderen Talseite wieder in die Höhe führt. Ein Schild teilt uns mit, dass unsere Unterkunft am Fuß der Skilifte liegt, die Rampe hoch und dann nochmal zwei Kilometer den Berg rauf. Dazu fehlt uns gänzlich die Lust und so verzichten wir auf unser Zimmer und rasen stattdessen nach der Steigung mit Karacho sieben Kilometer den Berg hinunter nach Muran, wo es ein Hotel geben soll. Von dem fehlt jedoch jede Spur und der Ort ist ein ödes Nest. Also weiter, zehn Kilometer bis nach Revuca, das nicht klein ist, aber fast genauso mausetot wie der Ort davor. Ein Straßendorf wie im wilden Westen mit einem dicken Zweibelkirchturm wie in Bayern. Wir sind gespannt, ob es eine Übernachtungsmöglichkeit gibt und haben Glück. Unvermittelt stehen wir im Zentrum vor einer Pension und checken ohne viel Fragen ein. Über das Zimmer kann man nicht meckern, es ist groß, günstig und sauber und wir sind in erster Linie froh, einen Schlafplatz gefunden zu haben. Da nehmen wir auch das sonderbare Bad in schwarzem Marmorimitat in Kauf. Es gibt zwei Restaurants im Ort, das eine verlassen wir gleich wieder, das andere ist ok und der freundliche junge Kellner bemüht sich, uns die slowakische Speisekarte zu übersetzen. Das Essen ist bodenständig, gut und die Portionen sprengen unsere Grenzen. Leicht wäre von dem, was wir aufgetischt bekommen, eine fünfköpfige Familie satt geworden. Der Kellner lächelt beim Abräumen: "Wir wollen nicht, dass Sie hungrig nach Hause gehen". Nein, tun wir wirklich nicht.

Morgen ist ein neuer Tag.

Dienstag, 14. August, Revuca - Rimavska Sobota

Morgens beim Mager-Frühstück treffen wir einen Norweger aus Tromsö, der wie wir mit dem Rad von Warschau aus unterwegs ist, schon in Ungarn war und jetzt wieder zurück nach Krakau fährt und sich auch über die Straßen mit dem schlimmen Verkehr und den starken Steigungen beschwert. Es gibt viel zu erzählen und so bleiben wir länger sitzen als geplant. Wir überlassen ihm noch unsere Karten von der Slowakei, die wir nicht mehr brauchen und als wir endlich losfahren, werden wir mit "Wind of Change" von den Scorpions verabschiedet, das in voller Lautstärke aus den Lautsprechern des Ortsfunks – den gibt es hier noch – schallt.

In Lubenic wird Magnesit abgebaut und im Nachbarort Jelsava in einer Fabrik verarbeitet, die uns an die Völklinger Hütte erinnert. Daneben ragen hohe Abraumhalden in die Gegend. Ansonsten fahren wir durch eine grüne Landschaft mit Flussauen, Feldern und bewaldeten Bergen drum herum. Gut, dass wir da nicht mehr hoch müssen! Es gibt Schafherden mit und ohne Schäfer und an den Rändern der ruhigen Straße stehen Apfelbäume voller Früchte, die gerade abgeerntet werden. Einer steigt auf den Baum und schüttelt kräftig und die restliche Familie – meist Roma – sammelt die Äpfel in große Säcke. Wir passieren kleine Dörfer, in denen es noch richtige Straßengräben vor den Grundstücken gibt und die z.T. sehr heruntergekommen wirken. Die ursprünglich schönen Häuser mit Säulenveranden und den vielen klassizistischen Verzierungen an Fenstern und Türen verfallen.

Und dann geht es doch wieder bergauf und bergab, aber wir haben heute das perfekte Radelwetter, sonnig und der Fahrtwind ist noch kühl, bei den Steigungen fahren wir im Schatten und bei den Abfahrten haben wir einen absolut glatten Asphalt unter unseren Reifen. Das kommt nicht so oft vor.

Nach gut 40 Kilometern erreichen wir Tornal'a, eine richtige Stadt, mit Läden, Restaurants und einem großen, mit Linden umstandenen Platz mit Bänken. Wir sind ziemlich k.o. und machen hier eine lange Pause, draußen auf dem Bürgersteig vor einer Bäckerei, bei der wir die Getränke kaufen und dazu die in einer Baguetteria erstanden Wraps essen. Der junge Verkäufer, der gut englisch spricht und uns genau erklärt, womit er seine weißen, weichen Luftbrötchen und seine appetitlichen Fladen belegen könnte, fragt uns aus über Fußball, ob wir Bayern-Fans seien und wie wir den FC Barcelona finden, ob wir denn traurig seien, dass wir gegen Italien im Halbfinale gescheitert sind – was für eine Frage –, ob wir viel Olympia geschaut haben – haben wir radfahrbedingt nicht –, ob wir den Euro gut finden und ob in Deutschland alles bestens in Ordnung sei. In der Tat eine Menge schwieriger Fragen. Wir verlassen mit einem Schmunzeln den gutgelaunten Verkäufer, der zwischendurch immer mal wieder für seine Mutter übersetzt, die zustimmend nickt.

Als Nachtisch gibt es leckeres Eis aus der benachbarten Eisdiele, vor der sich immer wieder lange Schlangen bilden.

Der Himmel bewölkt sich allmählich und wir brechen auf zu unserem heutigen Übernachtungsort. Der Weg dorthin erweist sich als Schnellstraße: da dürfen wir nicht fahren, auch wenn nicht viel Verkehr herrscht und so müssen wir einen großen Bogen machen, gut 45 statt der erwarteten 27 Kilometer. Die Strecke ist aber toll: eine kleine, praktisch verkehrsfreie Straße. Wir haben Rückenwind, rollen durch kleine Dörfer. die größtenteils menschenleer sind und oft trostlos. Auch hier bröckelt der Putz bis aufs Mauerwerk, manche Häuser sind schon Ruinen – es ist ein Jammer – und doch wohnen noch Menschen hier, die Ärmsten, oft Roma.

Roma, das mussten wir selbst erst nachschlagen, kamen bereits vor vielen Jahrhunderten aus Indien und leben seit sehr langer Zeit sesshaft u.a. in der Slowakei, wo sie rund 10% der Bevölkerung ausmachen. Da viele dieser Volksgruppe arbeitslos sind, prägen sie entsprechend stark das Straßenbild, wo immer wir durch Städte und Dörfer fahren. Dass es sich um fahrendes Volk handelt, ist weitgehend eine Legende. Keine Legende ist, dass die Roma bis weit in das 19. Jahrhundert hinein insbesondere auf dem Balkan als Sklaven gehalten und seit jeher stigmatisiert wurden. Nach dem Zusammenbruch der kommunistischen Regime leiden sie mehr denn je unter der Ausgrenzung und Arbeits- und Perspektivlosigkeit sowie unter Bildungsmangel. Integration und Vermischung mit der übrigen Bevölkerung findet kaum statt. Diese Familien sind es wohl in der Mehrzahl, die mit ihrem geringen Einkommen die verfallenden Häuser bewohnen. Der Vergleich mit der Situation der schwarzen Bevölkerung in den USA vor 30, 40 Jahren drängt sich auf.

Wir passieren eine Mähkolonne mit Elektrosensen am Straßenrand, mehrere große moderne Solarfelder, große Mais-, abgeblühte Sonnenblumen- und abgeerntete Getreidefelder. Irgendwann müssen wir abbiegen auf eine größere Straße Richtung Westen wo uns der Wind mit Macht entgegen bläst. Kurzentschlossen fahren wir in die entgegengesetzte Richtung, dort ist in anderthalb Kilometern Entfernung ein weiterer verlassen wirkender Bahnhof, diesmal mit einem großen verrottenden ex-sozialistischen Bahnhofsgebäude und einer älteren Ruine direkt daneben. Vom Bahnhofsvorsteher, der ein wenig deutsch spricht, erfahren wir, dass in 25 Minuten ein Zug kommt. Also fahren wir von hier wieder mit einem Schienenbus – inzwischen haben wir Übung mit dem Ein- und Ausladen – bis Jesenske. Wir sparen damit 12 Kilometer mit Gegenwind und radeln die restlichen 15 Kilometer bis Rimavska Sobota, auch wieder mit Gegenwind, mit Auf und Ab und mit Getröpfel.

Mitten in einem Industriegebiet finden wir unser Retro-Hotel mit seinem ganz speziellen Charme. Gut, dass wir da sind. Den Rest des Abends verbringen wir im angeschlossenen Restaurant, wo die Portionen deutlich kleiner, dafür aber teurer sind als gestern. Wir gönnen uns eine Flasche 96er Rioja, der, nachdem wir die eisgekühlte Flasche zurückweisen und eine wohltemperierte dafür bekommen, richtig gut schmeckt.

Auch hier im Restaurant läuft ohne Unterbrechung Musik, die ist aber für uns altersgemäß und damit sogar ganz angenehm!

Mittwoch, 15. August, Rimavska Sobota - Lucenec

Es ist noch frisch draußen, aber sonnig. Wir starten in einen richtig schönen Sommermorgen, durchqueren Rimavska Sobota, von dem wir nicht viel gesehen haben und nehmen eine kleine Straße nach Südwesten Richtung Filakovo.

Schön weit draußen, gut zwei Kilometer nach der Stadtgrenze am Waldrand stehen wir vor einem richtigen Ghetto. Etwa zehn vierstöckige Plattenbauten mit je, so schätzen und zählen wir von außen, wohl 32 Wohnungen, alles in einem völlig verkommenen Zustand. Roma wohnen hier. Ausgegrenzt. Viele Menschen sind da, in den Fenstern, draußen zwischen den Häuserblocks, auf der Straße. Was wir sehen, ist erschreckend. Slums ähneln sich auf der ganzen Welt und nichts anderes ist das hier. Ein großes und ungelöstes Problem in diesem Land.

Nachdenklich radeln wir auf den folgenden 25 Kilometern durch eine wahre Idylle. Sanfte Hügel, fruchtbare Felder, viel Grün und riesige Maisfelder. Dieses Tal könnte auch bei uns oder eher noch vielleicht in Frankreich sein, nur die Dörfer sehen von weitem aus wie auf alten Postkarten und sind aus der Entfernung teilweise ganz malerisch. Die Wegesränder und Wiesen leuchten bunt von Feldblumen, kilometerlang hängen Schlehen- und Holunderbüsche voll reifer Früchte, über uns spannt sich ein weiter blauer Himmel. Es ist sehr ruhig, wir hören die Falken schreien, sehen Störche und unzählige andere Vögel und auf einer Weide reitet ein richtiger Cowboy und hütet eine kleine Viehherde. Wir sind fast allein, sieht man von den paar Autos ab, die uns überholen. Immer mal wieder passieren wir große Schilffelder, dann rechts und links der Straße große, schon abgeerntete und umgepflügte Ackerflächen, die uns an Ägypten erinnern, wo sich an den schmalen fruchtbaren Gürtel am Nil die großen braunen Wüsten anschließen. Dann wieder endlose Sonnenblumenfelder, die bis an den Horizont reichen. Wir hatten uns vorgenommen, das Wort nicht zu benutzen, aber diese Strecke ist einfach wunderbar, genial!

Zwischendrin wird die Straße von einem kleinen Bautrupp mit feinem Klebesplit repariert, der sich in unseren Reifen festsetzt und den wir mit der Hand quasi einzeln wieder rauspopeln, damit die Steinchen sich nicht in unsere Antiplatt-Reifen bohren. Man weiß ja nie. In den kleinen Dörfern, die wir durchfahren, sehen wir immer wieder Roma-Familien in den Höfen zerfallener Häusern sitzen und wir denken unwillkürlich an unsere Indienreisen. Daneben gibt es aber auch viele gepflegtere Gehöfte, wo die Bäume voller Birnen und Pflaumen hängen und Trauben an den Zäunen.

Nach 25 Kilometern wie im Paradies sind wir wieder "draußen" und düsen die große verkehrsreiche, aber ausreichend breite Straße entlang, die uns nach zehn Kilometern flotter Kolonnenfahrt nach Lucenec bringt, wo die Beine streiken und wir Mittagspause machen. Auf den ersten Blick wirkt die relativ große Stadt nett, gepflegt, mit schönen alten Häusern, vielen Cafés und Geschäften. Wir suchen uns instinktiv das Café an der Hauptstraße, das so auch in Stuttgart oder München an der Straße liegen könnte: modern, sauber, einladend, alles perfekt, abgesehen davon, dass die Eismaschine streikt und die Drinks ein bisschen warm sind. Dort sitzen wir draußen und lassen das Leben an uns vorbeipassieren. Später werden wir sagen, dass es nicht hierher passt, dieses Café, sondern eher aus einer anderen Welt kommt.

Mittlerweile ist es heiß und sehr windig. Ein Anruf im Hotel in Velky Krtis, wo wir heute noch hinwollten, ergibt, dass dort alle Zimmer ausgebucht sind. Also bleiben wir einfach in Lucenec und testen eines der überall angebotenen slowakischen Mittagsmenüs: eine prima Suppe vorneweg und danach Kartoffelauflauf bzw. gebackenen Camembert mit Pommes. Es ist einfach, aber es schmeckt. Die Besitzerin ist sehr nett, spricht überraschend gut Deutsch und wir zahlen am Ende für alles zusammen einschließlich einem Liter Wasser 6,45 Euro.

Den unerwartet fahrradfreien Sommernachmittag nutzen wir für einen langen Spaziergang durch die Stadt, die sich auf den zweiten Blick vor allem abseits der herausgeputzten Hauptstraße heruntergekommen zeigt und uns eher an asiatische Städte erinnert. Unser Hotel zum Beispiel, ein 3-Sterne Best Western für 45 Euro die Nacht, das ganz offensichtlich schon mal bessere Zeiten erlebt hat, sieht von außen ganz ok aus, verrottet aber buchstäblich von innen. Hier wird kein Cent mehr investiert. Das Personal an der Rezeption raucht und trinkt nebenher mit Freunden und wenn grad keiner da ist, legt man sich auch schon mal im Hinterzimmer aufs Ohr. Wir haben selten eine fertigere Herberge erlebt, aber wenigstens ist das Zimmer einigermaßen sauber und ruhig.

Vieles wirkt noch provisorisch, wie die Schaufenster, in denen die Waren schon mal vor geflickten und roh zusammengezimmerten Bretterwänden stehen. Auch wenn man hier wohl alles kaufen kann, die Frauen zum Teil sehr "hergerichtet" und mit ziemlich gewagten Outfits unterwegs sind, teilweise begleitet von Männern, die ihr Geld eindeutig nicht mit regelmäßiger Arbeit verdienen, die S-Klasse Dichte erstaunlich hoch ist und viele teure und große AUDIs und BMWs herumfahren, hat dieses Land wohl noch einen weiten Weg nach Europa vor sich.

Auf unserem Streifzug treffen wir einen jungen Mann, der seit Jahren in Deutschland in einer Band Keyboard spielt und gut deutsch spricht. Wir unterhalten uns ein wenig. Sein knapper Kommentar: "es ist schwer zu leben hier". Zumindest für viele, das sieht man deutlich.

Am Abend suchen wir uns eine Pizzeria, ein Hof mit Bänken, Schirmen und einem kleinen Kinderspielplatz, wo wir uns mangels Verständnis der Speisekarte eine Pizza selbst zusammenstellen und überrascht feststellen, dass "unser" Musiker dort mit einem Kollegen live spielt. So werden wir diesmal nicht aus der Konserve beschallt und kommen in den Genuss von "Nikita" auf slowakisch.

Im Hotelzimmer bricht dann kurz Panik aus, weil Raimund unser kleines Netbook in der Pizzeria unterm Tisch liegen ließ. Gut, dass wir das gleich gemerkt haben und vor allem, dass das Teil noch da war!

Donnerstag, 16. August, Lucenec (SK) - Vac (HU)

Praktisch nüchtern verlassen wir das abgefressene Hotel, dessen Frühstück genauso aussieht, wie alles andere hier auch.

Vorbei an verlassenen Häuser- und Fabrikruinen fahren wir aus der Stadt. Je weiter wir in den Süden der Slowakei kommen, desto asiatischer wirkt das Land. Der Norden kam uns europäischer vor. Wie schon an den Tagen zuvor sehen wir viele Menschen, die auf den Landstraßen zu Fuß oder mit kleinen Handkarren unterwegs sind, Grünfutter, Schrott oder sonst etwas sammelnd oder transportierend. Es sind vor allem Dunkelhäutige, Roma, die fast nie alleine, immer in Gruppen unterwegs sind. Was uns auch immer wieder begegnet, sind die Männer mit den Motorsensen, die alles mähen, was sich nicht wehrt: Bahngleise, Böschungen, Straßengräben und Plätze in Dörfern, wo die freilaufenden Hühner vor dem Lärm fliehen.

Ein Stück außerhalb der Stadt wird es wieder ruhig und wir sehen Bussarde, ein Fuchs kreuzt unseren Weg und immer wieder liegen auf der einen Seite der Straße große sumpfige Feuchtwiesen zwischen den gepflegten Feldern, während es auf der anderen Seite aussieht wie im Allgäu. Die Stimmung ist schon etwas herbstlich. Mitten in dieser Landschaft, weit und breit ist keine Ortschaft, steht am Straßenrand eine kleine "Raststätte" mit überdachter Gas- und Dieselzapfsäule, einem Shop mit allem, was eine moderne Tankstelle heute so anbietet und einem hüttenartigen Bierbankfreisitz, alles in hellrosa und himmelblau. Nebenan im Feld ist mit alten Reifen eine Rennstrecke abgesteckt. Für 50 die Stunde kann man sich eines der beiden Quads mieten und durch den Acker pflügen. Klar, dass dazu im Shop die volle Techno-Dröhnung läuft mit lautstarker Übertragung nach draußen.

Ein Stück weiter wird es richtig hügelig, es geht steil auf und ab, u.a. durch eine lange Baustelle. Die Straße wird verbreitert, wahrscheinlich mit EU-Geld. Obwohl hier praktisch kaum Verkehr herrscht, werden dafür all die schönen Bäume rechts und links der Fahrbahn gefällt, um einer neuen schattenlosen Fahrbahn zu weichen.

Velky Krtis, das wir nach 40 Kilometern erreichen, ist eine langweilige, typische Plattenbau-Siedlung, uns unverständlich, warum die Stadt in der Landkarte als besonders sehenswert gekennzeichnet ist. Das Zentrum besteht aus einem Stück Straße mit ein paar Geschäften, etlichen Eisbuden, den üblichen Döner-Kebab-Pizzerien, einem Lidl, der nie fehlt und einem sehr netten Café, das wir erst auf der zweiten Durchfahrt entdecken und wo wir bestens bedient werden: erstklassiger frischgepresster Saft, gute süße Hörnchen und Espresso, wie er besser nicht sein kann.

Die Pause brauchen wir auch, es wird um halb elf schon richtig warm und wir haben noch ein paar Kilometer vor uns. Wir brechen auf, vorbei an dem großen Parkplatz neben dem Café, der rege genutzt wird und wo 24 Stunden Parken 35 Cent kosten, und radeln über die Grenze nach Ungarn, an der noch ein ziemlich großes, vergammeltes Zoll- und Abfertigungsgebäude steht. Wir tauschen hier Geld, denn in Ungarn brauchen wir Forint, von denen wir 275 für einen Euro bekommen. Die überlangen Worte auf den ungarischen Schildern sind für uns nicht zu entziffern und erinnern mit den vielen ö und ü an Finnland. Tatsächlich sind die beiden Sprachen miteinander verwandt. Gleich hinter der Grenze in Balassagyarmat wollten wir eigentlich übernachten, aber wie in schon in Velky Krttis ist auch hier kein Zimmer zu bekommen. Das einzige Motel in der Stadt ist auf Tage hinaus ausgebucht und auch auf den weiteren 40 Kilometern, die durch hügeliges Bergland führen, gibt es Pensionen und Hotels nur in den weit abseits unserer Route liegenden Wintersportorten. Dort wollen wir nicht hin und die direkte Straßenverbindung nach Vac an der Donau, unserem nächsten Ziel, ist eine Europastraße, auf der wir wieder mal nicht fahren dürfen. Glücklicherweise gibt es einen Bummelzug, der in großen Schleifen und mit vielen Stopps in zwei Stunden durch den Naturpark nördlich des Donauknies in das 44 Kilometer entfernte Vac fährt.

Wir finden relativ schnell den Bahnhof und suchen dann die Stadt eine Weile nach etwas Essbaren ab, entdecken aber nur Cafés und Imbiss-Buden. Wie in der Slowakei gehen die Ungarn – zumindest außerhalb der großen Städte – offenbar nicht so oft essen. Durch den Tipp einer Café-Bedienung landen wir im Dolce Vita bei einem ungarischen Italiener. Unsere Spaghetti aglio olio schmecken prima und kommen mit so vielen ganzen, gebratenen Knoblauchzehen, dass es auch Knoblauch-Gemüse-Nudeln sein könnten. Eigentlich ist Balassagyarmat ein nettes Städtchen, nicht zu glauben, dass es hier nur ein einziges Motel gibt.

Satt radeln wir wieder zum Bahnhof und kaufen die Fahrkarten. Wo wir hinwollen, schreiben wir auf einen Zettel, dass wir Räder dabei haben, versteht die Schalterbeamtin, die mit modernstem PC und Fahrkartendrucker ausgestattet ist, nachdem wir ein Bildchen malen mit zwei Menschen und zwei Rädern. Die Fahrt kostet 1,25 Euro pro Rad und 4 Euro pro Mensch. Bei der Herausgabe der Fahrkarten zeigt die Dame mit vier Fingern. Wir suchen nach Gleis 4, das gibt es aber nicht. Gemeint war der Zug mit den vier Wagen. Der steht schon da, der Zugführer zeigt uns, in welchen Wagen wir einsteigen sollen und wir können unsere Räder in aller Ruhe einladen und zusammen mit den Taschen an der Rückbank des Gepäckabteils verstauen. So müssen wir die Fahrräder nicht festhalten und haben auch einen Sitzplatz, was bei einer über zweistündigen Fahrt ganz angenehm ist. Unser Zug zuckelt gemütlich dahin, immer im gleichbleibenden Rhythmus der Räder, die über die Schienen poltern. Es geht durch einen regelrechten Urwald, die Bäume sind von Schlingpflanzen überwuchert, kein Weg in Sicht, dazwischen Wiesen und Felder – vor allem verblühte Sonnenblumen – und in der Ferne die Berge. Die Strecke ist eingleisig und die Stationen, an denen wir halten, sind winzig, manchmal sieht man nur ein Haus. Es gibt aber auch kleine Dörfer mit Pferden, Kühen, freilaufenden Schweinen, Ziehbrunnen, Obstbäumen und Wein. All das wirkt viel "zivilisierter" und aufgeräumter als zuletzt in der Slowakei.

Zweimal wird unser Zug an einer Haltestelle jeweils um einen Wagen reduziert und einmal müssen wir länger auf den Gegenzug warten. Aber das spielt keine Rolle, wir haben keinen Termin, müssen nicht auf die Uhr sehen, sind quasi zeitlos und genießen das langsame Unterwegssein ohne uns plagen zu müssen, auch wenn es ein bisschen wie in der Sauna ist, denn hier kühlt nur der Fahrtwind!

In Vac angekommen, dauert es etwas, bis wir unser Hotel gefunden haben, das einzige in dem recht großen Städtchen, dann machen wir uns auf ins barocke Zentrum mit einer Fußgängerzone, einem Platz, der wie ein großer Schlosshof wirkt, umstanden von schönen Häusern, Bäumen und Statuen und einer langen Promenade an der Donau mit Bergen im Hintergrund. Hier ist es wie im Urlaub. Wir essen an der Donau ein Eis und auf dem großen Platz im Freien zu Abend und spazieren im rosa Abendlicht zurück ins Hotel. Kurz nach 20 Uhr wird es schon dunkel.

Freitag, 17. August, Vac - Budapest

Morgens ist es stark bewölkt, das Frühstück im Hotel ist so, dass wir nach einer halben Tasse Tee fluchtartig das Lokal verlassen und an die Donau zum Fähranleger fahren. Dort trinken wir noch einen Kaffee und setzen auf die andere Flussseite über. Gerade noch rechtzeitig, kurz bevor wir ablegen, merkt Raimund, dass seine Windstoppweste im Café liegengeblieben ist. Ein Spurt bringt das gute Stück zurück: gerade nochmal gutgegangen. Inzwischen ist auch die Sonne wieder da und die Temperaturen sind angenehm. Auf der anderen Donauseite suchen wir den Radweg nach Budapest, den wir ja schon einmal gefahren sind, doch das ist gar nicht so einfach. Wir überqueren die Brücke eines Donau-Nebenarms, der auch schon ganz schön breit ist, suchen länger vergeblich nach den Radschildern und fahren schließlich auf der stark befahrenen Landstraße 11 nach Szentendre, wo wir Pause machen. Hier am Ufer direkt an der Donau, die hinter einem Deich liegt, reiht sich eine Pizzeria an die andere.

Der Radweg ins Zentrum von Budapest führt zum Teil über Buckelpisten, durch ein Stück Wald mit großen Bäumen, hinter denen die Donau ans Ufer schwappt, durch Industriegebiete mit beeindruckenden, aber verlassenen Industriedenkmälern aus der Gründerzeit, die zum Teil renoviert und zu modernen Technologieparks werden. Je näher wir der Stadt kommen, desto dichter stehen die Restaurants und Bars, die in diesem Naherholungsgebiet der Budapester gut bevölkert sind.

Es dauert lange, bis wir das riesige Zuckerbäcker-Parlamentsgebäude direkt am Donauufer im Stadtzentrum sehen. Über die Kettenbrücke, 1849 eröffnet und somit die älteste Brücke, die die beiden Stadtteile Buda westlich und Pest östlich der Donau miteinander verbindet, müssen wir unsere Räder schieben, weil einfach zu viele Fußgänger unterwegs sind. An der Uferpromenade auf der Pester Seite gönnen wir uns auf einer Hotelterrasse ein gutes Mittagessen. Es ist richtig warm, am liebsten würden wir einfach hier sitzen bleiben.

Beim Aufbrechen spricht uns eine Dame in gutem Deutsch an und will mit unserer Kamera ein Foto von uns beiden machen. Sie gibt Anweisung, wie genau wir zu stehen haben und wie unsere Räder mit ins Bild müssen. Dann kämpfen wir uns durch das Gewirr von Einbahnstraßen und beziehen schließlich unser Hotelzimmer nicht weit vom Zentrum in der Raday Utca, der Fressgasse von Budapest, in der die Restaurants beidseits der Straße dicht an dicht stehen und machen uns anschließend auf, zu Fuß die Umgebung zu entdecken. Wir werfen einen Blick in die große Jugendstilmarkthalle, Ende des 19. Jahrhunderts eine der modernsten überhaupt und treiben uns eine Weile in der Eingangshalle des Gellert-Bades herum, von wo aus man einen guten Blick in die Badeanstalt hat.

Budapest hat die größten Mineralwasservorkommen Europas – vor Stuttgart bzw. Bad Cannstatt – und das Jugendstilbad, das Anfang des 20. Jahrhunderts eröffnet wurde, ist pure Nostalgie.

Samstag, 18. August, Budapest

Heute machen wir Urlaub und es ist „Summer in the City". Gleich nach dem Frühstück holen wir in der Wäscherei unsere Sachen ab, denen wir noch einmal eine professionelle Entschmutzung gegönnt haben.

Über die Vaci utca, die große Flaniermeile mit all den schicken Geschäften führt unsere Tour dann zum großen Vörösmarty Platz, einem Zentrum in Pest, auf dem das pralle Leben herrscht. Hier steht auch das traditionsreiche Gerbeaud, Inbegriff der Budapester Kaffeehaus-Kultur, die der in Wien in nichts nachsteht und das noch genauso aussieht, wie der eingewanderte Schweizer Emil Gerbeaud es 1884 umbauen ließ: mit Stuck, Lüstern, Brokattapeten und schweren Samtvorhängen.

Wir statten dem Burgberg auf der anderen Donauseite in Buda einen Besuch ab, zu dem wir uns unter der glühenden Sonne den steilen Anstieg hochquälen. Wegen des Rummels und der vielen Touristenbusse – die dazugehörigen Fahrgäste sind natürlich auch da – machen wir uns schnell wieder aus dem Staub und finden gleich außerhalb der Burgmauern, abseits gelegen und ganz ruhig, ein italienisches Lokal mit schönem Ausblick. Nach ausgiebiger Mittagspause durchstreifen wir die Straßen und Plätze rund um den Burgberg, wo es noch beschaulich ist und nicht so geleckt. Überall, in jedem Café und Lokal bekommt man herrlich erfrischende, selbstgemachte Limonaden, genau das Richtige bei diesem Wetter.

Den Rest des Tages fahren wir langsam kreuz und quer durch die Stadt, wobei Klaudia Ausschau hält nach lohnenden Motiven und abseits der belebten Straßen auch fündig wird. Dabei stoßen wir auf "unseren" Abendessensplatz: das Bock Bisztró, ein nettes, kleines Restaurant. Die Speisekarte hört sich vielversprechend an, aber leider ist schon alles ausgebucht an diesem Samstagabend und sonntags – wir wären morgen ja auch noch da – ist geschlossen. Während wir so dastehen und überlegen, klingelt das Telefon und jemand sagt seinen Tisch ab, den wir gerne übernehmen.

Den ganzen Abend spielt ein älterer Herr im Hintergrund Akkordeon, während wir auf das Beste mit verschiedenen Vorspeisen bewirtet werden und einem Spezial-Gulasch in einer dicken Soße, das auf der Zunge zergeht. Durch die dunkle Stadt fahren wir – auf dieser Reise mal mit Licht – beschwingt vom wirklich hervorragenden ungarischen Rotwein zurück und es ist immer noch so warm, dass jedes Kleidungsstück zu viel ist. Ein schöner Abend!

Sonntag, 19. August, Budapest

Lazy Sunday: Frühstück draußen im Central in der Karoly Mihaly utca, auch ein schönes altes Café, wahrscheinlich noch aus der Zeit der k.u.k.-Monarchie. Mit unseren Rädern fahren wir gemütlich durch die sonntäglich leeren Straßen und stehen bald vor der St.-Stephans-Basilika. Davor werden Podeste und Absperrungen aufgestellt für den morgigen St.-Stephans-Tag, der mit einem großen Feuerwerk gefeiert wird, das wir leider nicht mehr sehen werden. In der Basilika, der größten Kirche Budapests, die 1851 bis 1905 im Stil des Klassizismus und der Neorenaissance erbaut wurde, wird gerade eine Messe gefeiert. Wir setzen uns und bleiben bis zum Schluss. Es ist eine überaus beeindruckende, aber auch sehr theatralische Kirche, was durch den katholischen Gottesdienst mit seinen Ritualen und durch die pompöse Orgelmusik noch verstärkt wird.

Ohne direktes Ziel, aber mit Kamerablick radeln wir weiter durchs Parlamentsviertel, vorbei an der schwer gesicherten amerikanischen Botschaft, dem Jugendstil-Juwel Postsparkasse und den vielen anderen verzierten, monumentalen Häusern, die den großen Szabadsag-Platz umstehen. An einer Stelle sprudeln kleine Springbrunnen, in deren Fontänen sich Kinder und Erwachsene abkühlen und wo es natürlich auch kleine nette Cafés und Restaurants gibt. In der Nähe essen wir eine Kleinigkeit zu Mittag.

Das jüdische Viertel ist im Gegensatz zu den Gegenden mit den touristischen Highlights und den teuren Läden geprägt von vielen renovierungsbedürftigen, baufälligen, ehemals prächtigen Häusern. Eine Ausnahme macht die Synagoge, die größte Europas, ebenfalls schönster Jugendstil. Der friedliche, mit Arkaden zur Straße abgeschirmte Garten ist ein Massengrab, in dem über 2000 Juden beerdigt sind, die dem Nazi-Terror in Budapest zum Opfer fielen. Außerdem gibt es dort noch den sehr schlicht und orientalisch wirkenden Heldentempel für die im ersten Weltkrieg gefallenen Juden. An dieser Stelle stand vorher das Geburtshaus von Theodor Herzl, dem Begründer des Zionismus.

Gegenüber der Synagoge trinken wir einen Kaffee, essen wie schon vorgestern noch mal ein köstliches Mojito-Eis und vervollständigen dann mit einem Liter Limonade ausgerüstet unser Reisetagebuch in einem Lokal in der Radaj utca. Es ist sehr warm, ein richtig heißer Sommertag, und wir haben den Eindruck, alles läuft in Zeitlupe heute.

Abends essen wir in einem kleinen Lokal in der Dob utca und fahren danach Richtung Donau. In der schmalen Einbahnstraße fährt hinter uns ein Auto mit Eric Claptons "Layla" in voller Lautstärke, das ist in diesem Fall die optimale Begleitung zum Sommerfeeling!

Unterwegs halten wir in der Fußgängerzone an einem Stand und kaufen ein Körteszkolace (oder so ähnlich), ein süßes Gebäck, das aussieht, wie eine kleine Tora-Rolle. Dick mit Zucker und Zimt bestreute Teigstreifen werden spiralförmig auf eine Rolle gewickelt und über einem Holzkohlefeuer gedreht und tiefbraun gebacken. Köstlich!!

Zum Abschied von Budapest verbringen wir den restlichen Abend an der Donau-Promenade, die jetzt einen einmaligen Blick bietet: auf die Brücken – am schönsten ist die Kettenbrücke –, auf den ganzen Burgberg, die Uferstraße auf der anderen Seite in Buda und auf die Citadelle hoch oben, alles hell beleuchtet, fast wie an Weihnachten, nur mit viel angenehmeren Temperaturen.

Budapest ist nicht nur eine Weltstadt, es ist auch eine tolle Stadt zum einfach "da" sein, besonders im Sommer, denn da ist Budapest eine totale "Draußen-Stadt". Wir haben die zwei Tage hier sehr genossen.

Montag, 20. August, Budapest - Racalmas

Früh um sieben Uhr verlassen wir das Hotel, denn es soll noch heißer werden heute als die letzten Tage. In Budapest kennen wir uns mittlerweile gut genug aus, dass wir schnell zur Donau und auf den südlich stadtauswärts führenden Donauradweg finden, der gut ausgeschildert abwechselnd durch nette, gepflegte Vororte, durch Siedlungen mit Ferienhäusern inmitten von weißem und lila Hibiskus und entlang der Rackevei Duna, einem Nebenarm der Donau führt, mal unbefestigt, mal über Kopfsteinpflaster, mal asphaltiert. Die Stadt ist – wohl wegen des ungarischen Nationalfeiertags – wie ausgestorben, es ist total friedlich, kaum Autos fahren. Nur Jogger, Hunde mit ihren Besitzern und Angler sind unterwegs.

Es ist noch angenehm frisch und wir kommen gut voran, stoppen nur einmal kurz für einen Cappuccino der anderen Art: ganz süß, mit Kakao und Schlagsahne. Dafür sitzen wir alleine auf einer verträumten Terrasse am Wasser, über uns hängen fast reife, rote Weintrauben und ganz in der Nähe landet ein Schwan majestätisch auf dem Wasser.

Ein Stück weiter nutzen wir die Autobahnbrücke mit separatem Radstreifen, um die Ufer-

seite zu wechseln und fahren die nächsten 30 Kilometer auf teilweise sandigen Holper-
strecken auf dem Landstreifen, der von der Donau und ihrem Nebenarm eingeschlossen
wird. Stellenweise fragen wir uns, ob wir noch richtig unterwegs sind.

In Rackeve könnte diese Tagesetappe zu Ende sein, denn es ist schon zu heiß zum Radfahren. Wir machen Pause am Wasser, versäumen die 500 Jahre alte serbisch-orthodoxe
Kirche, die zu den wertvollsten Kirchendenkmälern Ungarns gehören soll und auch das
Barockschloss von Prinz Eugen, dem "Edlen Ritter", der als Heerführer gegen die Türken
Berühmtheit erlangte, lassen wir links, das heißt eigentlich rechts, liegen, weil wir uns
nicht richtig vorbereitet haben und verpassen dann auch noch wegen ein paar Minuten
die kleine Autofähre, die uns zehn Kilometer weiter über die Donau, weg vom ausge-
schilderten Radweg ans Westufer bringen soll, wo 15 Kilometer weiter unser Nachtlager
wartet. Der Verdacht keimte schon auf, als wir auf der sonst völlig ausgestorbenen Straße
in kurzer Folge von ein paar Autos überholt wurden. Die wussten Bescheid. Der von einem
kleinen Motorschiff angetriebene Ponton kommt zu unserer Freude gleich wieder vom anderen Ufer zurück, wo das Fährpersonal aber das Schiff verlässt und erst mal 45 Minuten
Pause macht. Umgeben von den Mitgliedern eines Rudervereins warten wir notgedrungen
in der Hitze vor einer kleinen Kneipe, bis es endlich weitergeht.

Kurz nach der Überfahrt stoßen wir auf die Landstraße 6, zu der es auf den nächsten zehn
Kilometern definitiv keine Alternative gibt. Die gedrittelten Schilder, die uns sagen, dass
diese Straße für Traktoren, Pferdefuhrwerke und Radfahrer gesperrt ist, kennen wir schon.
Aber da wir keinen Plan B haben und angesichts des dünnen Feiertagsverkehrs setzen wir
uns darüber hinweg und radeln so schnell wir können bis Kulcs, von wo aus wir uns über
Sand- und Schotterpisten nach Racalmas durchschlagen und ziemlich abgekämpft in unser Hotel einlaufen, wo wir den Rest des Tages mit Erholen am Pool – der uns mit seinen
27° Wassertemperatur kalt vorkommt – und der Planung der nächsten Etappen beschäftigt
sind. Um draußen zu sitzen, ist es auch nachmittags zu heiß und abends beim spärlichen,
dafür aber etwas teureren Essen fliegen die Moskitos pausenlos Angriffe, so dass wir
schnell wieder nach drinnen umziehen.

Dienstag, 21. August, Racalmas - Kalocsa

Hitzebedingt werden wir zu Lerchen. Auch heute brechen wir bereits kurz nach sieben Uhr
gefrühstückt wieder auf. In der Sonne ist es da schon zu warm. Da die Fähre, mit der wir
nach unserem Abstecher wieder auf die andere Donauseite übersetzen wollten, schon seit
zwei Jahren nicht mehr fährt – der Running Gag der letzten Reise findet seine Fortsetzung
– müssen wir wieder ein Stück auf der verbotenen Straße von gestern und durch das langgezogene Dunaujvaros fahren, mit viel Industrie und dementsprechend viel Verkehr.

Der Hotelportier, von dem wir wissen, dass wir uns nicht zum Fähranleger bemühen brauchen, auf den die Schilder in der Stadt aber alle immer noch hinweisen, hat uns erklärt,
wie wir fahren müssen, um einige Kilometer weiter südlich über die große Donaubrücke zu
kommen. Trotz handgemalter Skizze haben wir jedoch Schwierigkeiten, die Abzweigung
und den Weg zu finden. Zum Glück kommt uns ein Rollerfahrer entgegen, den wir anhalten.

Er kann englisch, weist uns den Weg und verabschiedet sich dann mit Handschlag. Angesichts der Beschaffenheit der "Straße", die nicht mehr ist, als eine löchrige Schotterpiste, haben wir zwar gewisse Zweifel, aber der Mann hat am Ende Recht! Auf einem richtig guten Radweg direkt neben der Autobahn überqueren wir die riesige Brücke: ein bisschen ist das wie fliegen. Erst fahren wir über den Baumwipfeln, wo es kräftig durch den Bauch zieht, dann über die Donau. Auf der anderen Seite geht es auf der Deichkrone weiter, erst asphaltiert, dann hoppeln wir über Gras und Sand. Anstrengend ist das, aber ruhig. Nur zwei Schäfer mit ihren Herden begegnen uns und ein Mopedfahrer, der eine lange Staubwolke hinter sich herzieht. Von dort oben kann man weit ins flache Land sehen, Pappeln und Weiden zur Rechten, Felder und Dörfer zur Linken.

In Petöfitelep – das kann man noch nicht mal aussprechen, wenn man es selbst hingeschrieben hat – wollen wir wieder auf das westliche Donauufer wechseln, denn dort haben wir uns ein Hotel ausgesucht, aber schon die ersten Meter der Straße sind so stark befahren, dass wir unseren Plan ändern, auf der Stelle umdrehen und doch auf der östlichen Seite bleiben, wo die Donauweg-Hauptroute verläuft.

In Solt machen wir Pause und trinken so viel wie in uns hinein passt. Wir sehen kaum etwas von dem Ort, was uns jedoch ins Auge sticht, ist die "Bushaltestelle", die nur aus einem Mast im Freien mit einem Busschild, den Abfahrtszeiten und einem Rauchverbotszeichen besteht.

Halb elf ist es erst, als wir von dort aufbrechen, aber schon unerträglich heiß. Nach Kalocsa wollen wir jetzt fahren und entscheiden uns für den kürzesten Weg. Der führt kilometerweit über den asphaltieren Deichkamm neben der Landstraße, ohne irgendeinen Baum oder Strauch, der Schatten geben könnte und das bei Temperaturen wie im Backofen.

Von Dunapatay aus, wo wir unsere Wasserflaschen leeren, sind es noch 15 Kilometer bis Kalocsa, der Partnerstadt von Kirchheim/Teck und der Metropole für Paprikapulver, denn hier ist das weltweit größte Gewürzpaprika-Anbaugebiet. Auf unserer Fahrt haben wir allerdings gerade mal ein einziges Feld gesehen.

Kalocsa ist ein nettes Städtchen und das erste, was wir machen, als wir Schlag zwölf das Stadtzentrum erreichen, ist, uns hinter einer Reihe von Oleanderkübeln in einem Café niederzulassen, das unter einem dichten Sonnenschirmdach von Wasserzerstäubern gekühlt wird. Auf dem kleinen Platz davor plätschert ein Brunnen zwischen einer Reihe von Bronzeabgüssen von kirchlichen Würdenträgern, die hier einmal residiert haben.

Wir checken im hiesigen "Wellness"-Hotel ein – davon gibt es hier jede Menge und die meisten sind keineswegs das, was man sich darunter vorstellt, so wie auch dieses hier – aber immerhin kann Mann sich hier seine verspannten Schultern massieren lassen. Den Rest des tropischen Nachmittags verbringen wir in dem Sprüh-Café, wo wir uns bei Bedarf unter die feine Brause stellen können. Später, das ist so gegen 18 Uhr und die Temperaturen liegen immer noch über 30 Grad, drehen wir noch ein paar Runden durch die Stadt mit ihrer barocken Kathedrale, die leider Baustelle ist und nicht besichtigt werden kann, dem bischöflichen Palais, der Bibliothek und dem Paprikamuseum. Wir fahren nur daran vorbei, denn Lust und Energiereserven für irgendwelche Besichtigungen haben wir keine. Auch der Ausflug in das 26 Kilometer entfernte, bei Weinliebhabern berühmte Hajos, dem größten Weinkellerdorf Europas mit mehr als 1200 Weinkellern und Presshäusern, fällt der

Hitze zum Opfer. Einen der wirklich beeindruckenden Rotweine, der hier hergestellt werden, konnten wir immerhin in Budapest im Bock Bisztro verkosten und der war in der Tat äußerst bemerkenswert!

Gegenüber unserem Hotel in der Gartenwirtschaft mit dreisprachiger Speisekarte hätten wir zum Abendessen „gebügeltes Huhn", alternativ „ironed chicken" bekommen können, entscheiden uns dann aber doch für etwas anderes.

Als wir schlafen gehen, zeigt das Thermometer immer noch 29 Grad. Hoffentlich kommt bald mal eine Schlechtwetterfront!

Mittwoch, 22. August, Kalocsa - Baja

Heute fahren wir schon um sechs Uhr los, weil wir am acht Kilometer entfernten Anleger gleich die erste Fähre auf die Westseite der Donau nehmen wollen, die ab sieben Uhr jede Stunde verkehrt. Der Sonnenstand entspricht etwa dem um sieben Uhr in Deutschland. Um diese Zeit ist die Luft noch total angenehm und frisch. Einige wenige Leute fahren mit dem Rad zur Arbeit, so wie wir. Auf einer schönen Pappelallee verlassen wir die Stadt, vorbei an Mais- und ein paar versprengten Paprikafeldern und sind früh genug an der Donau, um dort auf den Wartebänken in Ruhe unsere gestrigen Einkäufe zu verfrühstücken. Als sich selbst kurz vor sieben auf der Fähre, die am anderen Ufer liegt, nichts tut, beschleichen uns Zweifel, ob die Fahrplanauskunft in der Touristen- Information in Kalocsa wirklich richtig war. Sie war es, allerdings geht es erst mit deutlicher Verspätung los, d.h. wir hätten gut noch ein halbes Stündchen länger schlafen können.

Die Wettervorhersage rechnet heute mit 38° im Schatten, darum halten wir uns nirgends groß auf und fahren durch Dörfer, vorbei an kleinen Fabriken mit deutschen Namen, an Feldern, kleinen Wasserläufen und Schilfflächen und machen die erste Pause nach knapp 40 Kilometern in Szekszard in einem netten, schattigen Café in der kleinen Fußgängerzone. Der Kaffee schmeckt zum Abgewöhnen und eine Toilette gibt es auch nicht, vielleicht sind wir deshalb die einzigen Gäste. Wir ziehen um, wo wir von einem ganz gut deutschsprechenden Donauschwaben, dessen Oma Klein hieß, bedient werden und der uns auch den Weg aus der Stadt hinaus Richtung Gemencer Wald zeigt, dem großen und wie es heißt sehr sehenswerten Urwald-Wildreservat. Der Radweg führt 12 Kilometer auf schnurgerader Straße in der prallen Sonne Richtung Osten und dann noch mal gut 20 Kilometer auf einer Deichkrone in Waldrandnähe durch dieses Gebiet, wo wir Schatten erhoffen. Leider Fehlanzeige. Die Bäume stehen so weit weg vom Damm, dass wir auch hier Gas geben, um möglichst schnell ganz aus der Sonne zu kommen. Viel zu sehen, gibt es sowieso nicht, lediglich ein Hase zeigt sich kurz, insofern war der erhebliche Umweg, den wir für diese Fahrt in Kauf genommen haben, wenig lohnend.

In Pörböly im Besucherzentrum des Parks, von dem aus eine Schmalspur-Waldbahn Interessierte in knapp zwei Stunden durch das Innere des Reservats fährt, erholen wir uns. Weil die letzten acht Kilometer Landstraße gefährlich eng und sehr stark befahren sind, fahren wir mit dem normalen Zug von der 100 Meter entfernten Bahnstation nach Baja, der Partnerstadt von Waiblingen.

Dort finden wir eine nette Pension am schönen, großen Marktplatz der Stadt, mit einem geräumigen Zimmer samt Klimaanlage, wofür wir sehr dankbar sind. Hier verbringen wir einen guten Teil des heißen Nachmittags.

Abends nehmen wir uns ein Taxi und fahren in das einige Kilometer südlich gelegene Vaskut, wo wir bei Bekannten von Freunden, den Betreibern der dortigen Gastwirtschaft, unser Päckchen, das wir mit den Karten und Reiseführern für die weitere Strecke von zuhause aus losgeschickt haben, abholen. Unser netter Taxifahrer kommt zufällig selbst aus dem Ort und spricht ein für unsere Ohren gewöhnungsbedürftiges Deutsch, so dass wir nicht alles verstehen. Er ist Donauschwabe, so wie die Wirtsleute, bei denen wir uns zum Abendessen angemeldet haben. Zu unserer Überraschung hat Frau Vörös, die Wirtin, die perfekt deutsch spricht, extra für uns gekocht und wir werden zum Abendessen eingeladen. Es gibt richtig gute Hausmannskost aus frischen Zutaten, die so schmeckt wie früher bei Oma. Wir unterhalten uns angeregt mit ihr und ihrem Mann, wobei wir vieles über ihr Leben erfahren und einiges über Ungarn lernen, zum Beispiel, dass die Ungarn heute noch darunter leiden, dass das Land am Ende des 1. Weltkrieges zwei Drittel seines Staatsgebietes verlor, das davor noch die Slowakei, Teile Rumäniens, Österreichs und der Ukraine umfasste. Für uns ist es ein sehr schöner Abend, der leider endet, als unser Taxifahrer uns zur vereinbarten Zeit wieder abholt und zu unserer Pension ins zehn Kilometer entfernte Baja zurückbringt.

Weil hier auf dem Marktplatz am Wochenende großes Spektakel angesagt ist mit drei Vorstellungen des Musicals „Miss Saigon" auf einer Riesenbühne samt Hubschrauberstarts und -landungen, die auch etliche Male geübt werden müssen, ist der ansonsten sehr schöne Platz direkt an bzw. oberhalb der Donau durch die große Bühne leider total verbaut und kann nicht betreten werden. Die Sänger proben bei voller Lautstärke bis tief in die Nacht hinein und auch wenn wir wegen der strengen Absperrungen kaum etwas sehen können, dürfen wir doch große Teile der Musik "mithören" samt Gewehrfeuer auf den abfliegenden Helikopter.

Donnerstag, 23. August, Baja

Wir sind schon früh auf den Beinen, bzw. auf den Rädern, um die noch erträglichen Temperaturen für eine Fotosafari kreuz und quer durch die Stadt zu nutzen. Nach zwei Stunden "Arbeit" gönnen wir uns ein gemütliches Frühstück in der Fußgängerzone, denn wir haben es ja heute nicht eilig. Vom Glockenturm der großen grünen St. Peter und Paul Kirche, von dem zu jeder Stunde eine andere Melodie tönt, erklingt dazu "Christ ist erstanden", während direkt vor uns ein Radlerpaar vorbeirollt, schwer bepackt samt Kinderanhänger, aus dem ein großer Schäferhund interessiert in die Gegend schaut.

Bei unserer Tour durch Baja kommen wir auch an den diversen Sehenswürdigkeiten vorbei, unter anderem an der serbisch orthodoxen Kirche und der ehemaligen Synagoge, beide leider geschlossen sowie an zwei Barockkirchen.

Unsere zweite Aufgabe an diesem Vormittag ist es, Klebeband zu besorgen und die zweite Materialrücksendung versandfertig zu machen und zur Post zu bringen. Dabei staunen wir nicht schlecht, wie hoch die Portokosten sind, insbesondere, wenn man diese mit den sonstigen Preisen hier vergleicht. Hätten wir unser Päckchen selbst heimgeschleppt, hätten wir im Restaurant dafür 30 große, selbstgemachte Limonaden trinken können!

Als es gegen Mittag wieder richtig heiß wird, trinken wir zwei davon bei einem Snack und verkürzen so die Wartezeit, bis kurz vor eins unser Zug nach Pörböly geht. Dem Schaffner versuchen wir vergeblich zu erklären, dass wir eine Hin- und Rückfahrkarte erstehen wollen, doch das gelingt uns nicht und so gibt er nach etlichem Hin und Her entnervt auf und lässt uns umsonst mitfahren.

Gestern Mittag waren wir ja schon mal in Pörböly, aber ziemlich k.o. Heute sind wir besser drauf und wollen den Gemencer Urwald nun per Schmalspur-Waldbahn besichtigen.

Eine kleine Diesellok zieht zwei Waggons und transportiert polternd und stinkend ein paar wenige Verrückte, die in der Mittagshitze Zuflucht im Wald suchen. Dieser ist ziemlich ausgetrocknet, auch die Wasserstellen und der Nebenarm der Donau, der früher mal der Hauptstrom war, führen kaum noch Wasser. Unsere Lok hält zum ersten Mal an einem kleinen Museum über das frühere Leben im Flussgebiet mit alten Fotografien und Gerätschaften. Das ist alles sehr liebevoll gemacht, die Erklärungen sind allerdings nur in Ungarisch, wie auch die Anweisungen der Schaffnerin, die von einer netten jungen Mitfahrerin für uns Ausländer übersetzt werden. Beim zweiten Stopp am Vogelbeobachtungsposten lässt sich zwar keiner von der fliegenden Abteilung blicken – denen ist es wohl auch zu heiß –, aber es ist ruhig und friedlich und wir schauen auf die Waldwiesen mit Wasserrinnsal und auf die in der Brise winkenden großen Weiden. Immerhin sehen wir auf der Rückfahrt ein Rudel Wildschweine mit Ferkeln, die sich in einem Schlammloch suhlen. Auch wenn das alles sicher nicht zu den Top 10 der ungarischen Sehenswürdigkeiten gehört, war es ein netter Ausflug und wir haben die Mittagshitze im Wald ganz gut überstanden.

Gegen vier sind wir wieder in dem wirklich netten Baja, wo es immer noch glüht und nur die Klimaanlage für Abkühlung sorgt.

Richtige Restaurants sind dünn gesät und so essen wir abends auf der Terrasse des Duna-Hotels gegenüber unserer Pension. Das war früher mal eine gute Adresse, firmiert auch heute noch unter Wellness und ist entsprechend schlecht. Das gilt besonders für das Essen und noch mehr für den Service. Dafür sind die Temperaturen jetzt aber richtig angenehm für einen Sommerabend und wir erleben die Generalprobe von Miss Saigon, wenn auch mit eingeschränkter Sicht, dafür aber mit einem fetten Eis als Nachtisch von einer der vielen Eisdielen.

Freitag, 24. August, Baja - Mohacs

Auf unserem Balkon nehmen wir ein selbstgebasteltes Frühstück ein – Pfirsiche, Joghurt, Studentenfutter und Orangensaft –, während unten im Hof jemand fegt (das Donau-schwaben-Kehrwochen-Gen?) und über uns Unmengen von Schwalben ihre Kreise ziehen. Mit dem sieben Uhr Läuten sitzen wir auf den Rädern, folgen trotz einiger Zweifel dem Radweg-Schild und kommen auf die richtige Straße, eine schöne ruhige Strecke zwischen

Feldern, Bäumen und kleinen Dörfern mit schindelgedeckten Häusern. Im Morgenlicht werfen wir lange Schatten. Etliche Zeit geht es über einen asphaltierten Donaudeich, dessen Flanken wegwartenblau leuchten und zwischen Pappeln und Ulmen blitzt immer wieder mal die Donau durch. Zwei Schäfer hüten ihre Herden und zwei jüngere Reiseradler überholen uns auf unserer ansonsten einsamen, malerischen und beschaulichen Fahrt. Die letzten acht Kilometer Deich sind unbefestigt und anstrengend, wir holpern nur noch langsam dahin. Dafür stehen wir überraschend schnell vor dem Fähranleger nach Mohacs, der letzten ungarischen Stadt vor der kroatischen Grenze. Die Fähre liegt noch auf der anderen Seite der Donau, genau neben unserem Hotel Szent Jonas. Wir trinken einen Kaffee und ein Ungar bedauert uns, weil wir bei dieser Hitze mit dem Rad unterwegs sein müssen. Endlich mal einer, der Mitleid mit uns hat!

Als wir auf die Fähre rollen, will der Einweiser unsere Tickets sehen, die wir nicht haben, weil wir bisher immer direkt auf den Fähren bezahlen konnten. Also spurtet Raimund zurück zur nicht erkennbaren Kasse, der Fährmann versucht währenddessen Klaudia mitsamt den beiden Rädern wieder vom Schiff zu scheuchen, weil er ablegen will. Aber Raimund schafft es mitsamt unseren Fahrscheinen im Schweinsgalopp grade noch rechtzeitig zurück und so dürfen wir unter Murren doch noch mitfahren.

Kurz vor zehn checken wir im Hotel ein, wieder mal ein Wellness-Hotel, diesmal aber ganz und gar nicht abgetakelt, dafür extrem günstig. Und wir sind so früh dran, dass wir noch ans Frühstücksbuffet dürfen, das eigentlich um zehn Uhr schließt und bekommen sogar noch ein paar Eier gebraten. Die Angestellten sind sehr nett und sprechen fast alle perfektes Deutsch.

Später machen wir einen Spaziergang durch die Fußgängerzone, besichtigen die große Gedächtnis-Kirche, die 400 Jahre nach der Schlacht von Mohacs, bei der die Ungarn von den Türken 1526 vernichtend geschlagen wurden, im byzantinischen Stil errichtet wurde. Ungarn wurde damals als Folge der Niederlage dreigeteilt und für 150 Jahre zur türkischen Provinz, nur der Westen des Landes blieb unter ungarischer Herrschaft durch das Habsburger Königshaus. Die Kirche ist modern, sehr hell und klar mit sehr schönen Murano-Glasfenstern rund um die große Kuppel, auf denen der Tages- und Zeitenlauf abgebildet ist: gelb die Sonne, blau die Donau, rot das Blut der Schlacht und grün das fruchtbare Land. Die Kirche steht auf dem Szechenyi-Platz, auf dem auch das große orientalisch wirkende Rathaus steht.

In einem kleinen Laden mit sehr nettem, perfekt deutsch sprechendem und sehr geschäftstüchtigem Verkäufer erstehen wir eine Mütze und ein Sommerkleid für Klaudia. Bei fast 40° kann man ansonsten nur im Schatten sitzen und die saugute, selbstgemachte Limonade trinken.

Um 19 Uhr, als es „nur noch" 34° hat, sind wir bereit für ein Abendessen auf der Dachterrasse unseres Hotels mit Blick auf die Donau und den dramatischen Sonnenuntergang.

Samstag, 25. August, Mohacs (HU) - Osijek (HR)

Noch vor dem Morgengrauen um fünf Uhr stehen wir auf, um möglichst ohne Hitzschlag das rund 80 Kilometer entfernte Osijek zu erreichen. Die 13 Kilometer bis zur kroatischen Grenze fahren wir vom Krähen der Hähne begleitet mit Licht.

Schon vor der Grenze sehen wir die ersten Schilder, die wegen der immer noch vorhandenen Landminen vor dem Verlassen der Straße warnen. An der Grenzkontrolle, der ersten auf dieser Reise, werden wir nach einem Blick auf unsere Pässe schnell und unkompliziert durchgewunken.

Wir überlegen, ob wir besser den direkten und kürzeren Weg nach Osijek auf der Landstraße nehmen, die wird aber auf kroatischer Seite so schmal, dass uns das selbst an diesem eher verkehrsarmen Samstagmorgen zu gefährlich ist und wir doch die längere Strecke über die Dörfer wählen. Kurz hinter der Grenze geht die Sonne als große, ziemlich eiförmige rote Scheibe auf. Wir sehen einen großen Spatzenschwarm und eine weiße Kirche mit rundem Giebel mitten im Feld. Ein geduldiger, kleiner schwarzer Hund und ein gieriger Wespenschwarm leisten uns in einem noch geschlossenen Straßencafé Gesellschaft bei unserem kurzen Frühstückspicknick mit den riesenhaften Lunchpaketen, die das Hotel für uns vorbereitet hat. Als der Café-Besitzer kommt, packen wir zusammen und radeln weiter auf der kleinen Straße durch die Felder, die entweder abgeerntet oder mit Wein und ziemlich vertrocknet wirkendem Mais bestanden sind, immer mit Blick auf die Hügelkette, die zunehmend näher kommt. Die kleinen Dörfer, die wir passieren, sind sauber und ordentlich, etliche schöne Häuser tragen sichtbar Jahreszahlen vom Ende des 19. Jahrhunderts an den Rundgiebeln mit entsprechenden Ornamenten an Fenstern und Türen, sind aber oft in einem schlechten Zustand. Außerdem sehen wir hier zum ersten Mal Chardaks, schmale, hohe Scheunen, im unteren Teil gemauert mit Scheunentor, im oberen Teil mit offener Holzverkleidung und einem Holzdach zum Trocknen von Mais.

In Knezevi Vinogradi, wo wir unsere zweite kurze Pause machen, verbringen offensichtlich alle Männer des Dorfes den Samstagmorgen in einem der drei Cafés am Dorfplatz. Zum prima schmeckenden Kaffee kaufen wir uns in der Bäckerei auf der anderen Straßenseite zwei fette Mohnteilchen. Im Ort gibt es jede Menge Pensionen und Privatquartiere, in denen die Reisegruppen untergebracht werden, die die sumpfige Seenplatte des Naturparks Kopaci rit besuchen.

Heute gibt es mal wieder zwei giftige Hügel, aber mit Rückenwind kommen wir schnell voran und gönnen uns in Bilje, zehn Kilometer vor Osijek noch einmal eine Pause mit viel Flüssigkeit. Der letzte Teil unserer heutigen Etappe überrascht uns mit einem Feld leuchtender, noch nicht verblühter Sonnenblumen, die sich der Sonne entgegenrecken und mit dem seltenen Schauspiel eines in schönster Formation fliegenden, sehr großen Vogelschwarms.

Auf einem guten Radweg im Schatten der Bäume erreichen wir die Drava und haben einen tollen Blick auf Osijek, aber Schwierigkeiten, über die Brücke auf die andere Seite in die Stadt zu kommen. Als wir das geschafft haben, fahren wir zunächst in die falsche Richtung, nämlich in die Unterstadt, dann in die Festung, wo ein riesiger Schulbuch-Flohmarkt läuft, bei dem, wie es scheint, alle Schüler auf den Beinen sind und dicht an dicht über viele Straßen und Plätze hinweg am Boden sitzen und ihre alten Schulbücher verkaufen. Wir nehmen fälschlicherweise an, dass dies das Zentrum ist und finden erst mit Beratung durch eine Polizeistreife unsere Pension in der bereits glühend heißen Oberstadt, dem eigentlichen Zentrum von Osijek, das früher tatsächlich einmal aus drei Städten bestand, die längst zusammengewachsen sind.

Unsere Pension ist von außen ein Bistro und wir haben ein schönes Zimmer unter dem Dach, mit Klimaanlage!

Wir checken ein, duschen, schütten unseren Welcome-Drink in uns rein, tauschen unsere restlichen Forint gegen kroatische Kuna und stehen leider etwas zu spät vor der bereits geschlossenen Touristen-Information, wo wir eine Stadtführung buchen wollten. Dabei ist es so heiß, dass wir fast dahinschmelzen. Draußen kann man sich praktisch nicht aufhalten, deshalb nehmen wir unser Mittagessen drinnen im Restaurant eines großen Hotels zu uns, genießen die Tiefkühltemperaturen, den Blick auf die Drava, auf die Boote im kleinen Hafenbecken und auf die Wiesen und den Wald auf der anderen Seite, von der die Serben Osijek 1991 beschossen haben, wie uns der Kellner erzählt. Als Nachttisch holen wir uns ein Eis. Die Kugeln sind so groß, dass man für zwei einen Becher in der Größe eines kleinen Eimers bekommt. Selbst für Profis fast nicht zu schaffen. Leider schmilzt das gute Eis unter den herrschenden Bedingungen schneller, als wir es essen können.

Der freundliche Kellner in unserer Pension hat, da die Touristen-Information uns im Stich gelassen hat, für uns einen Führer organisiert: um 17 Uhr sind wir mit Mislav verabredet, einem intelligenten, jungen, supernetten Fremdenführer, der uns auf Englisch nicht nur viel über die Stadtgeschichte und den Jugoslawienkrieg erzählt, sondern auch über das Leben hier in Osijek und in Kroatien.

Osijek ist die Hauptstadt Slawoniens, mit 100.000 Einwohnern die viertgrößte Stadt in Kroatien nach Zagreb, Split und Rijeka und liegt in der panonischen Tiefebene, die sich weit nach Ungarn und Rumänien erstreckt und früher einmal ein Meer war. Was die Gegenwart aber immer noch stark prägt, ist der Krieg, der in den 90er Jahren hier stattgefunden hat. Die Serben oder die Armee des ehemaligen Jugoslawiens, was zumindest juristisch einen gewissen Unterschied macht, haben Kroatien von Osten her angegriffen. Osijek war von drei Seiten eingeschlossen und wurde von der nördlichen Drava-Seite aus mit Granaten beschossen und beschädigt. Die Kampfhandlungen endeten 1992, offiziell zu Ende war der Krieg 1996. Überall in Osijek sieht man noch die Einschläge der Granatsplitter an den Gebäudefassaden. Viele Gebiete hier im Umland, die von den Serben besetzt waren, sind immer noch vermint und damit nur unter Lebensgefahr zu betreten. Eigentlich sollten die Minen bis 2016 geräumt sein, aber diese Arbeit ist schwierig, teuer, langwierig und leider nicht 100% sicher, so dass es sicher viel länger dauern wird, bis man hier wieder gefahrlos die Wald- und Feuchtgebiete durchstreifen kann, wenn überhaupt. Auch wenn die Kroaten sicher nicht vergessen haben, was geschehen ist, scheint sich das Verhältnis zwischen Kroaten und Serben wieder einigermaßen normalisiert zu haben. Kroaten gehen zum Beispiel in Serbien einkaufen, wo vieles billiger ist.

Eines der Wahrzeichen der Stadt ist die Peter und Paul Kathedrale inmitten der Neustadt mit ihrem imposanten 90 m hohen Turm. Ein Klinkerbau, der Anfang des 20. Jahrhunderts in nur vier Jahren erbaut wurde. Das Besondere in dieser Kirche ist, dass der damalige Bischof Strossmayer, Namensgeber der Pension und der Straße, in der wir wohnen, den

Altarraum mit einem ornamentverzierten riesigen Rundbogen ausgestattet hat, wie er typischerweise in Moscheen zu finden ist, um damit ein Friedenszeichen für die Versöhnung zwischen Moslems und Christen zu setzen. Der Mann war seiner Zeit weit voraus, auch heute noch. Leider.

An der Hauptstraße stehen viele wunderschöne Art-Deko-Häuser, die verfallen, weil seit dem Zusammenbruch der kommunistischen Regierung die Eigentumsverhältnisse ungeklärt sind.

Entlang des König-Tomislav-Parks laufen wir bis zur Festung. Rund um einen großen Platz stehen viele große Barockgebäude, unter anderem die ehemalige Kommandantur, heute Universität und die Kirche des Kapuzinerklosters, in die wir aber nicht hinein kommen. In der Mitte des Platzes ragt eine große Dreifaltigkeitsstatue, wie sie in vielen Städten in der Gegend und auch in Ungarn zu finden sind, aufgestellt als Dank der Überlebenden der letzten großen Pest-Epidemie Anfang des 18. Jahrhunderts. Die Stadt bemüht sich, die nur zur Drava hin erhaltenen Festungsmauern und den ehemals umlaufenden Wassergraben wieder herzustellen, um mit dem Ensemble Unesco-Weltkulturerbe zu werden.

Unser Rückweg führt, während die Sonne untergeht, über die kilometerlange, schöne Promenade entlang der Drava mit Blick auf das einladende Freibad am gegenüberliegenden Ufer, das von den Einheimischen Copacabana genannt wird.

Nach der total interessanten zweieinhalbstündigen Tour sitzen wir noch länger bei einem Bier an der Promenade und verabreden, dass Mislav uns übermorgen auch das rund 50 Kilometer entfernte Vukovar zeigen wird, denn er macht nicht nur hier in Osijek Führungen, sondern auch in der Umgebung.

Abends landen wir auf einem Restaurantschiff, wo eine private Party mit guter Live-Musik läuft. Ein paar Tische sind für "Fremdesser" frei und wir haben Glück, kriegen einen Platz und dazu noch ein richtig tolles Abendessen mit einem sehr guten kroatischen Rotwein.

Was die Temperaturen angeht, erleben wir gerade einen zweifachen Rekord: den heißesten August und mit 40,3° auch den heißesten Tag, der seit der Wetteraufzeichnung in Kroatien je gemessen wurde. Um 22.30 Uhr sind es noch 26 Grad auf dem Wasser und Klaudia meint: "mich fröstelt". Wahrscheinlich gewöhnt man sich an diese Temperaturen und braucht das dann irgendwann...

Morgen stehen wir nicht vor dem Morgengrauen auf!

Sonntag, 26. August, Osijek

Wieder ein fauler Sonntag. Mal nicht mitten in der Nacht aufstehen, erst gegen halb neun Frühstück, was allerdings schnell erledigt ist. Dann brechen wir zum Fotografieren auf, was sich aber auch schnell erledigt, weil der Akku der Kamera leer ist. Das ist wie auf die Jagd gehen und die Munition vergessen. Also packen wir unsere Sachen, setzen uns in ein Café an der Drava-Promenade, schreiben an unserem Reisetagebuch, mit dem wir im Hintertreffen sind und planen die nächsten Etappen. Es ist angenehm, nicht mehr ganz so heiß wie gestern, ein leichter Wind weht und wir richten uns mit Cappuccino, Rechner, Karten und Reiseführern häuslich ein. Anfangs ist es um uns herum noch leer, später dann wird es voll und irgendwann sind wir wieder allein: Zeit zum Mittagessen! Wir wechseln auf das Restaurantschiff gegenüber und essen eine slawonische Pizza. Mit unseren Badesachen geht es dann zur Copacabana, wo wir uns wie viele Osijeker zum Abkühlen in die Drava stürzen. Es ist so richtig Sommer!

Später holen wir die vormittags abgebrochene Fototour nach. Es ist erstaunlich, wie viele Häuser auch 16 Jahre nach dem Ende des Krieges noch jede Menge Einschusslöcher aufweisen.

Spätnachmittags wird es richtig stürmisch, Staubwolken, Papiere, Plastiktüten und Sonnenschirme fliegen durch die Luft. Wir radeln zurück in unsere Pension. Osijek ist eine gute Stadt für Radfahrer, hier gibt es ein ausgedehntes Radwegenetz und viele Radfahrer. Wenn die 25.000 Studenten, die hier an der Uni studieren, aus den Ferien zurückkommen, werden es wahrscheinlich noch deutlich mehr sein.

Kurz nachdem wir in unserer Unterkunft sind, beginnt es zu regnen und zu gewittern, ein völlig ungewohntes Ereignis! Und so verlassen wir unser Domizil auch nicht mehr und verbringen den restlichen Abend bei einem guten und günstigen Abendessen bei Bischof Strossmayer.

Montag, 27. August, Osijek - Vukovar

Nach dem Regen heute Nacht ist es bewölkt und noch schön kühl, als wir um halb acht losfahren. Wir ziehen seit langem mal wieder die Windstoppwesten an und mit strammem Rückenwind können wir die 50 Kilometer bis Vukovar, wo schon wieder die Sonne scheint, in gut zwei Stunden locker abradeln.

Es ist herbstlich, die Storchennester sind schon seit Tagen verwaist und es geht vorbei an großen, weithin sichtbar markierten Genmaisfeldern, Rübenfeldern und einem großen Milchbauernhof. Die Orte, durch die wir kommen, sind nett, sauber und alles wirkt sehr bäuerlich. Ein Mann mit Sense mäht die Böschung, andere jäten Unkraut vor den Häusern, von denen viele auch leer stehen. Auf den Bürgersteigen stehen immer wieder große, 10-15 m lange Brennholzstöße, Frauen sitzen und stehen am Straßenrand und verkaufen etwas Gemüse. "Alles gut" ruft uns ein Mann in Dalj nach und ein anderer winkt uns mit einer seiner Krücken zu. Kurz vor Vukovar fallen uns die geflickten und ungeflickten Einschlaglöcher im Asphalt der Straße auf.

Noch vor zehn Uhr sind wir am Ziel, checken im Hotel ein – wie schon in Osijek gibt es 20% Rabatt für Radler – und begeben uns auf die Suche nach einem zweiten Frühstück. Das ist gar nicht so einfach: es gibt zwar viele Cafés, aber in keinem etwas zu essen. Also machen wir, was alle hier machen: wir kaufen in einer Bäckerei um die Ecke ein großes Stück Pizza und süße Teilchen, die wir auf der Caféterrasse verspeisen, zum Cappuccino für einen Euro, zu dem es auch noch ein großes Glas Wasser mit Eiswürfeln gibt.

Um 12 Uhr treffen wir Mislav, unseren Führer vom Samstag. Er ist extra hergekommen, hat uns Postkarten und "das" Souvenir aus Osijek mitgebracht, ein Licitar, ein kunstvoll verziertes Lebkuchenherz und zeigt uns an diesem Nachmittag Vukovar.

1991 haben die Serben in drei Monaten alles platt gemacht, mit Granatbeschuss, Bombardements aus der Luft und zuletzt mit Panzern im Häuserkampf.

Am Ende bestand die Stadt nur noch aus Ruinen. Einige davon gibt es noch. Auch wenn die Beseitigung der Kriegsschäden weit fortgeschritten ist und weiter kräftig daran gearbeitet wird, gibt es noch viele Baulücken und Häuser, die auf ihren Wiederaufbau warten. Die repräsentativen Gebäude, fast alle barock wie die Rochuskapelle, das Herrenhaus der Familie Eltz, die ihren Stammsitz auf der gleichnamigen Burg an der Mosel hat und hier seit dem 18. Jahrhundert lebt, das ehemalige Grandhotel und das Rathaus oder die Häuser an der Hauptstraße sind entweder schon wieder hergestellt oder werden es nach und nach, mit Geld aus der Region, aus Zagreb und von der EU, so originalgetreu es eben geht. Einige Ruinen sollen aber als Mahnmal so bleiben, wie sie sind.

Die Kroaten haben die Stadt verteidigt, um die Serben am Vorrücken ins Land zu hindern. Nach dem Abzug der Serben 1992 kam die serbische Mafia, die das Kommando im Machtvakuum übernahm und die verbliebenen Bewohner am Verlassen des Gebietes hinderte. Dabei wurde praktisch alles geplündert, was irgendeinen Wert hatte. Vor dem Krieg hatte Vukovar 45.000 Einwohner, heute leben noch etwa 30.000 Kroaten hier.

Am eindrücklichsten und sehr berührend ist für uns der Besuch des Krankenhauses, das drei Monate lang unter Dauerbeschuss stand, mit täglich 500 bis 600 Granaten. Im ehemaligen Luftschutzkeller, in dem heute eine Gedenkstätte eingerichtet ist, wurden damals die Kranken und Verletzten behandelt. Knapp 200 Menschen haben die katastrophalen Umstände ohne Strom, Wasser, Medikamente, Narkosemittel nicht überlebt. Am Ende der drei Monate, als die Serben die Stadt erobert hatten, wurden 276 Menschen – Patienten und Krankenhauspersonal – von den Serben aus dem Krankenhaus und der Stadt getrieben, angeblich, um sie in unbesetztes Gebiet zu bringen, und dann ein Stück außerhalb von Vukovar auf einer Farm erschossen und in einem Massengrab verscharrt.

Ein Video zeigt Originalaufnahmen aus dem Krieg und von der völlig verwüsteten Stadt. Der Luftschutzkeller wurde nicht renoviert, dort sind die Enge und Dunkelheit der damaligen Verhältnisse nachgestellt. Zwei große Löcher klaffen in der Decke, wo schwere Bomben durch alle Geschosse bis in den Keller vorgedrungen sind. Im einen Fall hat die Stahlarmierung gehalten, im anderen ist die große Bombe, die ganz durchkam, zum Glück nicht explodiert. 16 Kinder kamen in dieser Zeit mitten zwischen den Schwerverletzten zur Welt. Auf Kacheln an der langen Kellerwand erinnern die Namen der Getöteten und eine Chronologie der täglichen Ereignisse an das damalige Kriegsgeschehen.

Bei unserem Spaziergang durch die Stadt kommen wir über die Vuka, die eigentlich in die Donau mündet, aber praktisch kein Wasser mehr führt. Auch die Donau selbst, an der wir auf einer Restaurantterrasse eine Pause machen, die Flusskreuzfahrtschiffe beobachten und fast weggeblasen werden, hat Niedrigwasser. Zum Schluss besuchen wir noch die Kirche des Franziskanerklosters, auch sie war nur noch eine Ruine. Die Bibliothek mit mittelalterlichen Büchern und sonstigen Wertsachen ist verbrannt, aber das Gebäude steht wieder und zwei holländische Orgelbauer sind gerade bei der Arbeit.

Dann müssen wir uns von Mislav verabschieden, durch den wir vieles erfahren und gesehen haben. Es war eine Freude, mit ihm seine Heimat und deren Geschichte ein wenig besser kennen zu lernen. Schade, dass wir ihn nicht mitnehmen können!

Dienstag, 28. August, Vukovar (HR) – Novi Sad (SRB)

Seit langem gibt es mal wieder ein Müsli-Frühstück mit Obst. Der Himmel ist knallblau, die Sonne scheint, trotzdem sind die Temperaturen sehr angenehm und wir können unsere Windstoppjacken gut gebrauchen. Am Ortsausgang von Vukovar steht der zerschossene Wasserturm mit der kroatischen Fahne, der auch ein Symbol des Krieges ist und so erhalten bleiben soll. Nach sechs Kilometern geht es rechts ab zum Mahnmal und dem Massengrab der Opfer aus dem Krankenhaus. Das wollten wir uns eigentlich gerne ansehen, da es aber einen Umweg von mindestens sieben Kilometer bedeutet und wir heute noch eine lange Strecke vor uns haben, entscheiden wir uns dagegen.

Die Straße ist schmal, vor allem am Anfang herrscht ziemlich viel Verkehr und die Autos fahren dicht an uns vorbei. Es ist leicht hügelig, vor jedem Dorf geht es steil bergab und danach wieder steil bergauf. Auf den Feldern rechts und links wachsen neben den Dauerbrennern Mais und Sonnenblumen viel Wein, Rüben und Spalierobst.

In Sarengrad rollen wir eine kleine Straße zur Donau hinunter, sitzen in der Sonne am breiten Fluss, der träge dahinfließt und essen die Pfirsiche, die wir gestern auf dem Markt in Vukovar gekauft haben. Als wir unsere Räder wieder in Richtung Straße zurückschieben, spricht uns eine Frau an, die vor ihrem Haus kehrt und uns schon auf dem Hinweg gegrüßt hatte. Sie lässt alles stehen und liegen, verschwindet im Hof und kommt mit zwei Händen voller Trauben für uns zurück. Aber damit nicht genug, fragt sie uns auf Kroatisch und mit Händen und Füßen, ob wir einen Kaffee wollen und lädt uns in ihr schönes Haus ein. Wir sitzen wie Fremdkörper am Esstisch mit der Häkeldecke, trinken Kaffee, essen Trauben und versuchen, uns so gut es geht zu verständigen. Sie fragt uns, woher wir kommen und wohin wir wollen, erzählt, dass ihr Haus im Krieg zerstört und danach wieder aufgebaut wurde, ihr Mann umgekommen ist und sie drei Kinder hat und eine Schwester, die in Kanada lebt und die sie bald besucht – falls wir alles richtig verstanden haben. Das ist schon ein ganz besonderes Erlebnis! Dann kommt noch eine Nachbarin vorbei und als wir gehen, verabschieden uns beide mit guten Wünschen und wir sind ganz gerührt.

Bald darauf erreichen wir die Grenzstadt Ilok. Wir besichtigen die Kirche des Franziskanerklosters innerhalb der gewaltigen Stadtmauern oben auf dem Berg, wo der heilige Johannes von Capistrano im Glassarg unter dem Altar liegt. Ansonsten ist das eine schöne gotische Kirche. Von dort oben hat man einen tollen Blick auf die Donau im Tal. Dann geht es mit 10% Gefälle in die Unterstadt, von wo aus man die Stadtmauer weit oben bewundern kann. Nach einigem Suchen finden wir das Restaurant, das Mislav uns empfohlen hat und sitzen im gemütlichen Innenhof neben einem Springbrunnen. Mittagessen gibt es eigentlich erst später, aber der Besitzer veranlasst, dass wir ein Menu, bestehend aus einem kleinen Salat und Nudeln mit Gulasch bekommen, beides wird in einem großen Topf serviert. Er bringt uns ein Tagebuch von zwei Deutschen, die vor ein paar Jahren ans Schwarze Meer geradelt sind und bei ihm übernachtet haben. Das interessiert uns natürlich und wir vertiefen uns in die Lektüre, was die Mittagspause erheblich verlängert. Herr Massarini, der sehr gut deutsch spricht, erzählt uns seine Geschichte: während des Kriegs floh er mit seiner Familie nach Deutschland, hat in Tübingen gelebt und gearbeitet und ist seit 2001 wieder in Ilok, wo er eine Pension mit sechs Zimmern, eine Bäckerei und das Restaurant betreibt. Als er erzählt, wie viel ihm in Deutschland geholfen wurde und wie dankbar er dafür ist, kommen ihm die Tränen. Auch das eine schöne Begegnung und so fahren wir nach fast zwei Stunden gestärkt von dannen.

Hinter Ilok geht es den Berg steil rauf und wieder runter, dann stehen wir vor der Grenze, wo uns zwei nette Grenzbeamte aus Kroatien verabschieden. An der serbischen Grenze geht es strenger zu, der Polizist zieht unsere Pässe ein, verschwindet, kommt nach kurzer Prüfung wortlos zurück und reicht uns ohne eine Miene zu verziehen die Papiere. Aber gleich der erste Autofahrer, der uns ein paar Meter hinter der serbischen Grenze entgegen kommt, hupt und winkt.

Es geht weiter auf und ab, eine sehr hügelige, aber schöne, ruhige, teilweise beschauliche Strecke, immer mal wieder mit Blick auf die Donau und die Berge. Wie in Norwegen, nur sehr viel niedriger, bilden die vielen, zum Teil winzigen Donauzuflüsse kleine Fjorde, die für 60 bis 70 m Gefälle und gleich wieder genau so viel Steigung sorgen. Erstmals sehen wir abgeerntete Mais- und Sonnenblumenfelder. Seit Tagen fahren wir schon an Mais-feldern vorbei, auf denen sauber mit großen Schildern bezeichnet Genmais angebaut oder erprobt wird. Alle zehn Meter wechseln die Saatgut-Codes. Hier in Serbien begegnet uns Hybrid-Mais im großen Stil und das erste Mal sehen wir Felder mit Gen-Sonnenblumen. In flotter Fahrt überholen wir eine Roma-Familie, die zu fünft auf einer Agria unterwegs sind, vollbeladen mit Sonnenblumen. Sie winken und die Kinder johlen.

Da wir irgendwann mit einer der Fähren auf das andere Donauufer übersetzen müssen, brauchen wir serbische Dinar. Auf der ganzen Strecke begegnet uns weder eine Wech-selstube noch ein Geldautomat und so sprechen wir in einem Straßencafé einen jungen Mann an, dessen Bruder englisch kann und der uns, wie sich nachher herausstellt zu einem absolut korrekten Kurs zehn Euro tauscht, die definitiv reichen, um die Überfahrt bezahlen zu können.

Da wir davon ausgehen, dass auch die Fähre, die wir nehmen wollen, feste Abfahrtszeiten hat – meist zur vollen Stunde – geben wir kräftig Gas und schaffen es gerade noch bis 15 Uhr an den Anleger. Der von einem alten, verrotteten Seelenverkäufer angetriebene Ponton legt zwar erst zehn Minuten später ab, aber wir sind froh, dass wir nicht erst noch eine Stunde rumhängen müssen. 25 Cent kostet es je Mensch und je Rad, die uns ein alter Seebär lächelnd abknöpft, in dem er uns genau den geforderten Betrag in Dinar-Scheinen zeigt.

Gleich am gegenüberliegenden Anleger liegt ein einladendes Restaurant-Boot und da wir durchaus schon wieder etwas vertragen können, lassen wir uns dort für ein zweites Mitta-gessen nieder. Wir sitzen direkt über dem Wasser und haben durch die unter uns vorbei-fließende Donau das Gefühl, auf einer Flusskreuzfahrt zu sein. Der nette Kellner empfiehlt uns, eine Portion Fischpaprikasch zu teilen. Wir tun das und sind mehr als überrascht, als zuerst ein Gruß aus der Küche, ein schmackhaftes Fisch-Mousse und dann ein Riesenpott mit einer vorzüglichen Fischsuppe mit großen Fischstücken als Einlage und eine Schüssel kalter Nudeln zum Reinmischen kommt. Schmeckt super und kostet alles zusammen 5 Euro.

Zunächst auf einem asphaltierten Deich, neben dem der Müll in Haufen liegt – direkt nach der serbischen Grenze ist uns schon aufgefallen, dass die Serben offenbar überall ihren Müll einfach in die Landschaft schmeißen –, dann durch die Vororte fahren wir die etwa 15 Kilometer ins Zentrum von Novi Sad. Auch hier erinnert auf den ersten Blick vieles an Asien: es ist laut mit viel Verkehr, chaotisch, dazwischen ein Pferdewagen mit zwei Romakindern auf dem Bock, während der Vater Pappe sammelt und auf den Anhänger wirft. Irgendwann wissen wir nicht mehr weiter, aber ein Taxifahrer liefert uns die perfekte Wegbeschreibung zu unserem 5-Sterne Hotel, wo wir über das Internet für 42 Euro pro Nacht ein Zimmer mit Frühstück buchen konnten. Nach der obligatorischen Dusche laufen wir ins Zentrum und auf dem Weg dorthin verstärkt sich der Asien-Eindruck mit all den kleinen Läden wie im Basar. Wir finden den Friedensplatz mit dem barocken Rathaus und der neugotischen Kathedrale und trinken in der großen Fußgängerzone ein Bier. Es ist rappelvoll hier, ganz Novi Sad scheint auf den Beinen zu sein. Mit einem Eis – das Abendessen fällt heute nach den zwei Mittagessen aus – schlendern wir noch zur Donaubrücke und werfen einen Blick auf die erleuchtete Festung Petrovaradin auf der anderen Uferseite, bevor wir uns zurück in unsere Luxusherberge begeben.

Mittwoch, 29. August, Novi Sad

Wir halten uns länger auf der schönen Hotelterrasse auf, als für das sehr wenig überzeugende und dem Hotel nicht angemessene Frühstück nötig wäre. Es dauert etwas, bis unsere vom Portier gestern irgendwo sicher verstauten Räder wiedergefunden sind und wir zur Touristen-Information ins Stadtzentrum radeln. Dort drückt man uns einen Stadtplan und eine Liste der wichtigsten Sehenswürdigkeiten in die Hand und verweist uns für alles Weitere auf ein 50 m entferntes Reisebüro. Die fühlen sich zwar zuerst ganz und gar nicht zuständig und wollen uns zur Touristen-Information zurückschicken, nehmen sich dann aber doch unserer an und besorgen uns nicht nur einen deutsch sprechenden Stadtführer für den Nachmittag, sondern finden auch noch für uns heraus, wann welche Vorstadtzüge fahren, mit denen wir übermorgen Novi Sad und in ein paar Tagen Belgrad verlassen können, ohne kilometerlang auf den stark befahrenen Fernverkehrsstraßen fahren zu müssen, womit wir den vereinzelt gehirnamputierten, in der Masse lediglich rücksichtslos und riskant rasenden serbischen Autofahrern etwas aus dem Weg gehen wollen.

Die Dame im Reisebüro ist supernett, kompetent und obwohl sie an uns keinen einzigen Dinar verdient, nimmt sie sich Zeit und findet auf alle unsere Fragen eine Antwort. Sie sagt, sie würde so gerne mal nach Deutschland kommen, nach Dortmund, Berlin oder Stuttgart, aber am liebsten in den Schwarzwald, weil sie immer die Schwarzwaldklinik gesehen und für Dr. Brinkmann senior geschwärmt habe. Definitiv muss sie lange sparen, um sich diesen Traum auch einmal zu verwirklichen.

Den Bahnhof müssen wir erst suchen, dort wollen wir sehen, ob wir morgen früh problemlos mit unseren Rädern und dem Gepäck auf den Bahnsteig kommen. Kommen wir nicht, denn es gibt keine Rolltreppen und keine Aufzüge, weshalb wir morgen dann wohl noch etwas früher aufstehen werden.

Nach einer kurzen Mittagspause treffen wir den Stadtführer an der leider geschlossenen Kathedrale am Freiheitsplatz und starten von da aus mit kurzer Verzögerung, weil Raimund merkt, dass er sein Handy neben seinem Salatteller hat liegenlassen und deshalb wieder zurückspurten muss.

Novi Sad, so erfahren wir, ist zwar nur ein Viertel so groß wie Belgrad, gilt aber als inoffizielle Kulturhauptstadt Serbiens und beherbergt neben dem größten Theater auch den Schriftsteller- und Künstlerbund. Wir gehen ein Stück durch die langgezogene Fußgängerzone mit den vielen schönen, großen barocken Gebäuden und Passagen voller Geschäfte, Cafés und Kneipen und stehen gerade vor dem beeindruckenden Rathaus, wo unser Stadtführer, der in Berlin Abitur und eine Elektrikerlehre gemacht hat, über die Vertreibung der Donauschwaben nach dem 2. Weltkrieg spricht, als ein Passant vorbei kommt und dazwischen ruft: „150.000 Deutsche sind erschossen worden, darunter auch mein Großvater!" Da sind offensichtlich die alten Wunden immer noch nicht verheilt.

Auf fast allen Plätzen stehen Statuen wichtiger Serben, zumeist Dichter und Volkshelden, die uns aber alle unbekannt sind. Die serbisch-orthodoxe Hauptkirche mit großer Ikonostase und vielen kleinen Ikonen dürfen wir besichtigen. Es gibt nur am Rand Sitzgelegenheiten für Kranke und Schwache, wie ein Chorgestühl, denn die Kirchenbesucher stehen durchgehend bei den über zwei Stunden dauernden Gottesdiensten, die, wie man uns sagt, im Wesentlichen aus Wechselgesängen zwischen dem Priester und den Gläubigen bestehen.

Aus der Versorgungsnot der Kriege der 90er Jahre haben sich in der Stadt verschiedene Bauernmärkte entwickelt, auf denen die Produzenten aus dem Umland ihre selbsthergestellten Produkte anbieten, ganz unorthodox verpackt, wie früher. Weiter Richtung Donau kommen wir zum Parlamentsgebäude im schönsten Bauhausstil. Gegenüber steht die Parteizentrale der radikalen Rechten mit übergroßem Plakat ihres Anführers, der seit fünf Jahren wegen Kriegsverbrechen vor dem Den Haager Tribunal steht. Der Donaupark, der direkt an die Regierungsgebäude anschließt, ist der größte und wegen der dort auf einer Miniinsel wohnenden Schwanenfamilie, die gerade Nachwuchs aufzieht, auch der beliebteste Park von Novi Sad. Wegen der anhaltenden Trockenheit in diesem Sommer – im August hat es nur ein einziges Mal ein paar Tropfen geregnet – wirkt er aber eher braun als grün, mit dem verdorrten Gras und den staubigen Bäumen. Am anderen Ende des Parkgebiets, das durch Austrocknung der Donau abgerungen wurde, verläuft der fünf Kilometer lange und mit Fahrradweg und Sitzplätzen schön angelegte Kai. Dort am Fluss steht auch das Denkmal für die über 1300 Menschen, zumeist Juden und Serben, die von den ungarischen und kroatischen Statthaltern der Nazis im Januar 1942 ins eisige Wasser getrieben und umgebracht wurden.

Wir überqueren die Donau, wo unter der Brücke Bilder der bei den Nato-Angriffen 1999 zerstörten drei Brücken der Stadt zu sehen sind und besichtigen zum Abschluss die Festung Petrovaradin, die 1694 von den Österreichern als Teil einer Militärgrenze und Verteidigungslinie gegen die Türken aufgebaut wurde. Wir bleiben gleich da für ein spätes Mittag- bzw. frühes Abendessen bei perfekter Aussicht von der Festungsmauer über die Stadt, die Donau und das Umland mit der südlich von Novi Sad verlaufenden Hügelkette Fruska Gora, wo es noch ein gutes Dutzend mittelalterlicher orthodoxer Klöster gibt, die auch zu besichtigen sind. Den Rest des frühen Abends schlendern wir durch die Altstadt bei Temperaturen, die schon wieder stark im Bereich Hochsommer liegen, schauen noch in die jetzt offene, neu-gotische Kathedrale und landen in der angesagten Gasse „Laze Teleckog", wo sich beidseits ein Café und Restaurant ans andere reiht. Jetzt am Tag und hier in der Innenstadt ist der asiatische Eindruck, den die Stadt gestern auf uns machte, weitgehend verflogen. Nur die Graffitis, die praktisch alle für die Sprayer erreichbaren Flächen im Übermaß "verzieren", sind immer noch da. Wir hätten durchaus noch länger bleiben können in Novi Sad.

Donnerstag, 30. August, Novi Sad - Belgrad

Wir stehen früh auf und frühstücken schnell im noch menschenleeren Hotel. Dabei vermisst Raimund sein Taschenmesser, das ihm lieb und teuer ist und startet eine hektische Suchaktion. Es taucht nachher wieder auf, an einem Ort, wo es eigentlich nicht sein sollte. Wir kommen trotzdem rechtzeitig zum Bahnhof und tragen die Räder und unser Gepäck die Treppe zum Bahnsteig hoch. Behinderte können hier nicht Zug fahren! Wir verstauen alles in dem heruntergekommenen Waggon im hintersten Eingang, wo es am wenigsten stört. Trotzdem drücken sich noch Fahrgäste, zum Teil mit heftigem Meckern an unseren Rädern vorbei. Aber die beiden Schaffner sind sehr nett und bleiben jederzeit völlig cool und Herr der Lage.

Kurz nach acht sind wir in Beska und haben uns damit die Fahrt aus Novi Sad heraus und einen Anstieg erspart. Im Ort kaufen wir uns an einem Stand an der Straße schöne, reife Pfirsiche. Die nächsten Kilometer sind angenehm zu fahren, an vielen Obstbäumen entlang und wir sehen das erste Tabakfeld. Den Abstecher nach Stari Slankamen, einem malerischen Ort mit Festungsresten und einer orthodoxen Kirche aus dem 18. Jahrhundert sparen wir uns, weil wir dafür ziemlich viel bergab und dann wieder bergauf fahren müssten. Die Menschen, denen wir begegnen, sind freundlich, grüßen, winken oder klatschen, wenn wir vorbeifahren. Ein weißbärtiger alter Mann kommt uns auf einem klapprigen, verrosteten Rad entgegen und ruft: "noch 13 Kilometer bis mein Porsche!"

In Surduk, einem Dorf mit interessanten Bremsschwellen auf der Straße, machen wir Pause in einem Café, essen unsere Pfirsiche und die Mohnschnitten vom Frühstücksbuffet. Einer der dort sitzenden Gäste zeigt uns, wie wir den Kellner rufen müssen, wenn er nicht reagiert. Für drei Kaffees mit jeweils einem großen Glas Eiswasser zahlen wir 200 Dinar, rund 1,70 Euro. Wie das durch drei geht, ist uns nicht klar. Klar ist aber, dass wir zuhause selbst für eine Tasse deutlich mehr bezahlen müssten.

Am Straßenrand und vor den Häusern werden Kisten voller roter Paprika und Wassermelonen zum Kauf angeboten und am Ortsausgang sitzt eine Frau neben einem großen Traktoranhänger voll großer gelber Melonen. Raimund hält an und will ein Foto machen, ein Mercedesfahrer hält ebenfalls, fragt die Verkäuferin etwas und ruft dann aus dem Auto: "kannscht du Foto machen", während die Frau schon strahlend neben ihrer Ware posiert.

In Novi Banovci, etwa 30 Kilometer vor Belgrad, merkt man, dass wir uns der Hauptstadt nähern: es wird städtischer und der Verkehr nimmt zu. Am Ende des Ortes biegen wir von der Straße ab und benutzen einen oberhalb der Donau verlaufenden, unbefestigten Hoppelweg, bei dem wir wieder einmal dankbar sind für unsere gut gefederten Räder. Völlig allein in der Landschaft, ist das auf jeden Fall viel besser als auf der stark befahrenen Straße, auf der wir dann doch noch fünf Kilometer hinter uns bringen müssen, bis es in eine ruhige Parallelstraße geht. An deren Ende wartet der „Balkan Ekspres", ein richtig nettes italienisches Restaurant mit Terrasse und einem Bombenblick auf die Donau unter uns und auf Belgrad in der Ferne. Wir machen eine lange Mittagspause mit Salat, wunderbarem gegrilltem Gemüse und Pizzabrot und schütten innerhalb kürzester Zeit zweieinhalb Liter Flüssigkeit in uns hinein: zwei Flaschen Wasser, zwei Limonaden und zwei Vitaminbomben und nicht zu vergessen zwei sehr gute Espressi.

Vom Restaurant geht es steil bergab über dickes Kopfsteinpflaster durch die Altstadt von Zemun, das schon zu Belgrad gehört und dann noch gut zehn Kilometer auf einem tollen Radweg entlang der Save. Dort liegen viele Restaurantboote, manche eine Mischung zwischen Schiff und Schwarzwaldhaus und wir haben einen guten Blick auf die Festung von Belgrad und die Stadt, die von hier sehr interessant wirkt.

Über die große Save-Brücke, den Zufluss in die Donau immer im Blick, wird die Stadt, je näher wir kommen, immer fremder: eine Mischung aus Faszination und Grausen. Von der Brücke zur Straße gelangen wir per Aufzug mit Aufzugführer, dann suchen wir den Weg ins Zentrum, vorbei an völlig maroden und abgewrackten Schiffen, dem genauso fertigen Busbahnhof und ehemals tollen Gebäuden, die total heruntergekommen sind. Überall ist viel Polizei zu sehen.

Wir merken, dass wir überhaupt kein Bild von Belgrad haben. Die Stadt ist sehr hügelig, die Straßen ziehen sich relativ steil bergauf und bergab, was uns etwas an die "Straßen von San Francisco" erinnert, nur ganz sicher nicht so schön. Der Verkehr ist höllisch, zu fahren trauen wir uns nicht und so schieben wir die Räder den Berg hinauf. Unsere Pension zu finden gestaltet sich diesmal schwierig. Wir müssen irgendwie über die Stadtautobahn, das geht nur durch eine Unterführung mit Treppen. Da stehen wir dann und wissen nicht weiter. Sofort scharen sich vier, fünf Leute um uns, der Flötenspieler, der sein Spiel unterbricht, zwei Frauen, die dort Kleider verkaufen und Passanten. Keiner spricht englisch, aber alle wollen helfen. Einer beschreibt uns dann den Weg und hilft uns, die Räder wieder die Treppen raufzutragen. Trotzdem finden wir uns nicht zurecht und stehen irgendwann wieder ratlos herum. Diesmal diskutiert eine Handvoll Taxifahrer, wie uns am besten der richtige Weg zu beschreiben wäre. Aber in dem Gewimmel von kleinen Nebenstraßen mit den fehlenden bzw. für uns nicht lesbaren kyrillischen Straßenschildern kommen wir trotzdem nicht ans Ziel.

Wir fragen noch zweimal, ein Mopedfahrer weiß es, geht sogar ein Stück mit und zeigt uns, wo wir hin müssen. Die sympathische Pension hat nur ein paar Zimmer, der Chef ist etwas verpeilt, aber sehr hilfsbereit, scannt für uns, berät uns, lässt uns an seinen superschnellen Computer und dazu kriegen wir noch unsere Wäsche umsonst gewaschen.

Belgrad ist keine Stadt zum Radfahren, dafür sehr ergiebig zum Fotografieren, wie Klaudia feststellt, als wir am Abend zu Fuß nochmal den ganzen Weg in die Stadt laufen. Am Platz der Republik tanzt der Bär, aber wir finden kein richtiges Restaurant, nur Cafés und Bars und so landen wir schließlich um 21 Uhr bei immer noch 31 Grad im Vapiano. Da waren wir bisher noch nie.

Für den Heimweg nehmen wir ein Taxi, dessen Fahrer versucht, uns abzuzocken. Er fährt wütend von dannen, weil wir ihm nicht mehr bezahlen, als das Übliche. Er wollte das 6-fache.

Polen: die Weichsel bei Kazimierz Dolny

mobiler Apfelverkäufer

polnisches Naturidyll

Krakau: Rynek

KZ Auschwitz

bei Czorsztyn, vor der slowakischen Grenze

romantischer Angelsteg

Kladovo: Donaustrandbad vor rumäischem Industriehafen

rumänischer Last- und Personenverkehr

bäuerliche Selbstversorger in Südwest-Rumänien

in einer anderen Welt

an der Tränke

Bukarest: Ceausescus gigantischer Parlamentspalast

orthodoxe Kathedrale in Turnu Magurele

Minimarkt in Babadag

Begegnung

von Giurgiu (BG) nach Ruse(RO): Brücke der Freundschaft

Fabrikruine bei Corabia

55

Slowakei: auf dem Weg in die Karpaten

Markt in Kezmarok mit Blick auf die Hohe Tatra

Ensemble mit Renovierungsbedarf

Gegenverkehr mit 1 PS

Pass im Narodny-Nationalpark

Roma-Slum bei Rimavska Sobota

„Main Street" in Revuca

Ungarn: Sonnenuntergang in Vac an der Donau

Budapest: Freiheitsbrücke

Radweg auf der Deichkrone

Warten auf die Fähre nach Mohacs

Kroatien: Osijek - Trg Ante Starcevica

Kriegsruinen in Vukovar

vom Atlantik ans Schwarze Meer

Sarengrad

Serbien: das Rathaus in Novi Sad

wilde Müllhalden

Belgrad: von der NATO zerbombtes Generalstabsgebäude

Belgrad: die Kathedrale des heiligen Sava

Belgrader Betonwüste

Melonenverkäuferin

auf einem serbischen Friedhof

die Donau bei Klicevac

das Eiserne Tor

Constanta: Blick vom Minarett der Moschee

Mamaia: Nachsaison am Schwarzmeer-Strand

Fischerreusen im Donaudelta

in den Kanälen des Donaudeltas

gemeinsame Jagd von Pelikanen und Kormoranen

Donaumündung bei Sfantu Gheorge

Freitag, 31. August, Belgrad

Es ist sehr windig. Auf dem Weg zu Fuß in die Stadt kommen wir an einem Hundespielplatz vorbei. Auf den ersten Blick meint man, einen ganz normalen Kinderspielplatz vor sich zu haben, wo die Eltern ihre Kleinen beaufsichtigen, aber die Szene wirkt grotesk: mehrere Halter sitzen auf Bänken und plaudern, während ihre Hunde auf dem eingezäunten Gelände mit Spielgeräten herumtollen.

Ein Stück weiter stehen wir auf einem Hügel vor der gigantischen orthodoxen Kathedrale des heiligen Sava, die alles überragt und von allen Seiten der Stadt weithin sichtbar ist. Der Bau, der 12000 Gläubigen Platz bietet, wurde 1935 unter Patriarch Varnava begonnen und sollte die größte orthodoxe Kirche in Europa werden. Von außen mit Marmor verkleidet, ist sie innen noch im Rohbau, weil die deutschen Besatzer 1941 genauso wie später Tito den Weiterbau nicht erlaubten. Seit 1985 versucht man, mit dem Innenausbau weiterzukommen, aber große Fortschritte sind nicht zu sehen. Nicht zuletzt als Folge der Kriege in den 90er Jahren, die gewaltige Summen verschlungen und das Land international isoliert und in seiner Entwicklung weit zurückgeworfen haben, fehlt das notwendige Geld, wie wohl für die meisten anderen, dringend notwendigen Maßnahmen in der Stadt.

Nebenan steht auf dem weitläufigen, mit Brunnen durchzogenen Parkgelände die kleinere, ältere und sehr schöne Sava-Kirche, die innen komplett in einem blauen Grundton mit Szenen der biblischen Geschichte ausgemalt ist. Im Vorraum stehen wie in allen Kirchen in Serbien, das sich zu 95% zum serbisch-orthodoxen Glauben bekennt, zweistöckige Regale, in denen die Gläubigen Kerzen anzünden: unten für die Toten, oben für die Lebenden.

Als Klaudia auf dem Weg hinunter in die Altstadt Fotos von den Absperrwänden des von der Nato zerbombten Generalstabsgebäudes macht, kommt eine junge Frau auf sie zu und warnt sie, dass die die Polizei kommen könne, wenn man hier fotografiert, aber glücklicherweise taucht niemand auf.

Ein Stück weiter kommen wir an der kleinen Himmelfahrtskirche aus dem 19. Jahrhundert vorbei. Die ganz ausgemalte Kirche hat eine hohe symbolische Bedeutung, weil der Himmelfahrtstag der Schutzpatronstag der Stadt ist. Schon in der Nähe der großen Festung Kalemagdan, am Zusammenfluss von Donau und Save besichtigen wir die Michaelskathedrale, den Sitz des hiesigen Bischofs, der sein Palais gleich nebenan hat. Gegenüber steht der mit Erkern verzierte, zweigeschossige Palast der Fürstin Ljubica, der 1834 in schönster Balkanarchitektur erbaut wurde und den wir besichtigen.

Ein paar Meter weiter treffen wir auf das älteste, noch bestehende "Gasthaus zum Fragezeichen", ein kleines, zweistöckiges Gebäude in Fachwerkbauweise, das zeigt, wie Ende des 19. Jahrhunderts hier der Großteil der Bebauung ausgesehen hat.

Es ist drückend heiß. Am Hauptbahnhof inspizieren wir noch den Zugang zu den Gleisen, der völlig problemlos ist. Von hier aus wollen wir Sonntag früh mit einem kleinen Regional-zug den Verkehrsknotenpunkt Belgrad so weit hinter uns lassen, dass wir wieder gefahrlos weiterfahren können. Bei einer langen Mittagspause trinken wir literweise Wasser und erholen uns etwas für den weiteren Rundgang.

Die Knez Mihajlova ist die große Einkaufsstraße der Belgrader, eine einen Kilometer lange Fußgängerzone mit Gebäuden aus dem 19. und 20. Jahrhundert. Die Straße mitsamt den

Gebäuden ist denkmalgeschützt und hätte diesen Denkmalschutz in der Tat sehr dringend nötig.

Der Studentenplatz, einer der ältesten Plätze der Stadt, ist gesäumt von einigen beeindruckenden Gebäuden im Stil der Neo-Renaissance, Gotik und Romanik. Im Kapitän-Misa-Haus, einem großen Gebäude, sind heute Teile der Universität untergebracht. Davor steht eines der Donauradweg-Schilder, die in Serbien besonders sorgfältig und zuverlässig aufgestellt sind. Auf jedem Schild ist neben der Entfernung zum nächsten Zielpunkt auch eine Nummer angegeben, die man auch auf den Landkarten findet, so dass man jederzeit weiß, wo genau man sich befindet. Dazu steht auf Serbisch und Englisch jedes Mal ein anderer Spruch auf den Wegweisern. Auf diesem hier lesen wir: "never drive faster than your garding angel can fly". Wie wahr, denn hier in Belgrad braucht man seinen Schutzengel schon als Fußgänger wirklich dringend!

Wir kaufen ein paar Postkarten und Karten für eine Stadttour im Bus, weil die Entfernungen außerhalb der Altstadt einfach zu groß sind und Radfahren hier absolut nicht geht.

Um 18 Uhr geht es los. Wir sitzen oben im Doppeldeckerbus und haben einen prima Ausblick. Jeder Fahrgast kann über Ohrhörer die eher dürftigen Erklärungen in seiner Sprache hören, die häufig am Ende abrupt abgeschnitten sind. Das Meiste, was wir hören, ist Musik. So fahren wir noch einmal vorbei an der zerstörten ehemaligen Parteizentrale und an den ebenfalls zerbombten ehemaligen Hauptquartieren der beiden Polizeiorganisationen in Serbien.

Wir bekommen auf der Fahrt einen Eindruck über das Ausmaß der Stadtviertel, die wir anders nicht hätten sehen können. Dabei verstärkt sich unser erster Eindruck, wie marode und heruntergekommen die Stadt ist.

Insgesamt drei Mal überqueren wir die Save und haben von den Brücken einen tollen Rundumblick auf die Altstadt mit der Festung, auf die angrenzenden Stadtviertel, auf gewaltige Autobahnkonstruktionen, wie man sie aus amerikanischen Filmen kennt und auf Neu Belgrad auf der anderen Seite der Save, wo es nur Sand gab, bevor hier im 20. Jahrhundert der neue Stadtteil, der heute wie eine Trabantenstadt wirkt, aufgebaut wurde.

Wir passieren den "Kristallblock", so nennen die Belgrader die Ansammlung internationaler Hotels, die allesamt mit ihren Glasfassaden von weitem mächtig Eindruck machen. Aus der Nähe sieht man, dass längst nicht alle dieser Gebäude in einem guten Zustand sind, genauso wenig wie das größte Kongresszentrum auf dem Balkan, auf das man hier so stolz ist.

Der Bus fährt am Ende kommentarlos einen großen Bogen über Außenbezirke, die keinen einladenden Eindruck bei uns hinterlassen. Alles in allem war die Stadtrundfahrt lohnend, aber wir hätten uns weniger Musik, weniger Propaganda und Schönfärberei, dafür mehr Information gewünscht.

Belgrad ist keine schöne Stadt, fast schon trostlos und macht ihrem Namen – Beograd = weiße Stadt – keine Ehre. Vielleicht würde man das in der Altstadt mit ihren Cafés und Geschäften und der Fußgängerzone nicht auf den ersten Blick sagen, aber die Häuser oberhalb der Schaufenster sind in einem traurigen Zustand und sobald man genauer hinsieht und in die Seitenstraßen geht, merkt man wie heruntergekommen das Meiste hier ist. Natürlich gibt es auch die üblichen Villenviertel, wo protzige Bauten von Politikern und reichen Serben, ein großes Tito-Mausoleum und viele Botschaften am Rand eines beliebten Parks stehen, aber hier in Belgrad sehen wir auch deutlich mehr Armut als zuvor: richtige Slums und verkommene, riesige Plattenbau-Siedlungen, viele Menschen, die den Müll durchstöbern, Schrott oder Papier sammeln oder auf der Straße leben und betteln. Darunter auch viele Roma. Sie sind auch hier Außenseiter, die spürbar kein Teil der Gesellschaft sind. Diese zum Teil offensichtliche, zum Teil subtile Armut stimmt uns traurig.

Auf dem Weg zu Fuß wieder zurück in die Altstadt fällt einer von Klaudias Sandalen auseinander, so dass wir erst einmal ein Paar neue finden müssen, was angesichts der Herbstwaren, die trotz der 35 Grad heute schon in den Schaufenstern stehen, gar nicht so leicht ist. Nach einem guten Abendessen im „Tribeca" mit einer exzellenten Flasche serbischem Rotwein und genialem warmen (!) Schokoladenkuchen zum Abschluss schaffen wir den rund vier Kilometer langen Weg in unsere Pension nicht mehr zu Fuß und lassen uns todmüde von einem "ordentlichen" Taxi "nach Hause" bringen.

Samstag, 1. September, Belgrad

Wir frühstücken gemütlich und nachdem wir uns gestern in der Stadt schon die Füße platt- und eine Sohle abgelaufen haben, knüpfen wir heute nahtlos daran an und marschieren ein paar Stunden durch Straßen, in denen wir noch nicht waren, was bei 35° schnell müde macht. Auf der Kneza Milosa gesellen sich zwei bewaffnete Soldaten dazu und schauen, was Klaudia an der Absperrwand vor der zerstörten Parteizentrale so interessant findet, sprechen uns aber nicht an, sondern schauen nur und schlendern hin und her. Mittagspause machen wir in der Fußgängerzone, schreiben ein paar Postkarten, die wir in einen Briefkasten von 1840 einwerfen und fahren dann mit dem Taxi – für den Kilometer bezahlt man hier keine 50 Cent – zurück in die Pension, wo wir unter Presslufthammerlärm unser Reisetagebuch auf Stand bringen und den weiteren Streckenverlauf planen, der uns mangels größerer Städte auf dem Weg ohne Pausentage in gut zehn Etappen ans Schwarze Meer führen wird.

Eine überraschend schnelle Antwortmail klärt uns darüber auf, dass die für uns passenden Fährverbindungen am Schwarzen Meer, die wir herausgefunden haben, nur bis Ende August bedient werden: same procedure as always. Wir werden uns etwas anderes überlegen müssen, denn an der Schwarzmeerküste gibt es viele alternativlose Europastraßen, die wir mit dem Rad wie üblich nicht befahren dürfen und eigentlich auch nicht wollen.

Abends folgen wir dem Tipp des überaus hilfsbereiten Pensionsbetreibers und essen in einem nahegelegenen Restaurant, einem wirklichen Idyll, eingebettet mitten in einem Autobahnknoten zwischen sechsspurigen Fahrbahnen. Um hinzukommen, unterqueren wir zu Fuß die Betonpisten, erreichen über eine lange Treppe einen Zwischenstreifen, auf dem die Straßenbahn fährt und steigen dann wieder lange Treppen hinab ins Restaurant. Als wir kommen, ist kaum jemand da. Wir sitzen wie im Gewächshaus, draußen, unter gewölbten Glasdächern mit rotierenden Ventilatoren, rundherum stehen Bäume und alles ist zugewachsen mit wildem Wein und sonstigem Grünzeug, dazwischen kleine Wasserfälle und Lichter. Dabei versprüht das "Frans" ein wenig Wiener Charme, die zahlreichen

Ober – ganz im Gegensatz zu uns korrekt gekleidet in schwarz/weiß – tragen Kummerbund und bleiben jederzeit Herr der Lage. Es ist das erste Mal auf dieser Reise, dass wir Schwarzbrot bekommen und auch die Weißbrotfladen schmecken vorzüglich, genauso wie alles, was man uns an diesem Abend serviert. Weil wir einige Zeit warten müssen, bis man uns die Rechnung bringt, bietet uns der Ober auf Kosten des Hauses Nachtisch, Kaffee und Schnaps an. Wir nehmen gern den sehr guten Slibowitz, lehnen aber ab, als der Ober nachschenken will.

Wer es nicht kennt, findet das Frans wahrscheinlich nie, aber da das große Lokal im Lauf des Abends bis auf den letzten Platz voll wird, gibt es wohl doch genügend Belgrader, die Bescheid wissen: schöne, sehr schicke und ganz sicher wohlhabende Menschen, die sich zur Begrüßung küssen, viel trinken und viel rauchen. Nach neun spielt ein Quartett mit Sängerin gepflegten Bar Jazz in dieser Oase, in der man jetzt auch von der Autobahn nichts mehr hört.

Sonntag, 2. September, Belgrad - Vinci

Unseren netten Vermieter haben wir heute, am Sonntag zu unserem Bedauern sehr früh aus dem Bett geholt. Um rechtzeitig am Bahnhof zu sein, verlassen wir kurz vor sieben die Pension. Wir wären mit einem kleinen Lunchpaket zufrieden gewesen, das er uns einfach am Abend hätte hinstellen können, aber da ohnehin jemand die Garage öffnen muss, wo unsere Fahrräder verstaut sind, bestand der Chef darauf, dass es ausnahmsweise auch mal um halb sieben Frühstück gibt. Warum wir eigentlich mit dem Zug aus der Stadt fahren wollen, will er am Abend noch wissen, wo es doch am Sonntag praktisch keinen Verkehr gäbe. Daran hatten wir nicht gedacht, halten aber an unserem Plan fest und das ist auch gut so: selbst um diese Zeit ist auf dem kurzen Stück zum Bahnhof schon so viel los, dass wir froh sind, als wir die Räder am fast leeren Bahnsteig des ansonsten bereits von Menschen überquellenden Bahnhofs abstellen.

Zwei Studentinnen aus Tübingen mit ihren bepackten Rädern stehen als einzige da und sind beruhigt, dass noch jemand mit dem Zug fahren möchte, für den sie, im Gegensatz zu uns, schon Fahrkarten haben. Es kommt uns seltsam vor, dass wir 20 Minuten vor Abfahrt immer noch alleine sind und nachdem in den serbischen Durchsagen ein paarmal unser Reiseziel genannt wird, nehmen wir an, dass der Zug Verspätung hat, obwohl der Zug hier eingesetzt wird. Die Dame am Schalter für internationale Verbindungen spricht englisch, wie wir in der Unterhaltung mit den beiden jungen Frauen erfahren, worauf wir – es ist mittlerweile vier Minuten vor der planmäßigen Abfahrt – spontan in den Bahnhof spurten, brav warten, bis an dem besagten Schalter jemand auftaucht, um zu erfahren, dass der Zug keineswegs verspätet ist, sondern statt am äußersten Gleis 10, wo wir die ganze Zeit herumstanden, heute ausnahmsweise am innersten Gleis 1 links abfährt. Gelobt sei der Kopfbahnhof, der Rest verliert sich in Hektik und mit Hilfe des supernetten Schaffners, der uns hilft, die vier Räder samt Gepäck und Besitzer in den Zug zu wuchten, schaffen wir es, mit dem Pfiff zur Abfahrt die Tür hinter uns zu schließen. Was für eine Aufregung am frühen Morgen, denn eine Alternative zu dieser Verbindung gibt es nicht.

Der Zug besteht aus nur einem Wagen und der Schaffner ruft nicht nur vor jedem Halt die Stationen aus, sondern sorgt auch dafür, dass niemand hinten einsteigt, wo unsere Räder beide Türen blockieren. Am Zielbahnhof hilft er auch noch beim Ausladen und wünscht uns allen eine gute Reise.

Bemerkenswert, dass auch dieser Zug wieder auf die Minute pünktlich ist, trotz des maroden Materials. Das kriegt die Deutsche Bahn mit ihrer modernen Technik nicht hin.

Gleich auf den ersten Kilometern noch in Pozarevac, einem netten Städtchen, das schon ein bisschen türkisch wirkt, haben wir Schwierigkeiten, die richtige Straße Richtung Norden zu finden. Schilder sind Mangelware, wir fahren mehr oder weniger nach Kompass. Immer wieder fragen wir Passanten und bekommen freundlich und hilfsbereit vielsagende Antworten auf Serbisch und zuletzt eine zielführende Auskunft auf Deutsch.

Vorbei an einer alten Frau, die mühsam eine beladene Schubkarre durch die Straße schiebt, fahren wir zügig 15 Kilometer Richtung Norden. Es wird die einzige Strecke heute bleiben, die einigermaßen mühelos zu machen ist. Eine ganze Weile radeln wir entlang mehrerer, parallel zur Straße verlaufender Pipelines. Die Ventile zischen und dampfen, wobei man hoffen muss, dass – so wie sie aussehen – nichts Gefährliches darin transportiert wird. Auch an einem großen Kraftwerk kommen wir vorbei und irgendwann erkennen wir, dass hier Braunkohle abgebaut wird: in Drmno endet unsere Straße plötzlich vor einer Schranke, hinter der nur noch ein gewaltiger Erdhügel mit ein paar großen Baggern steht.

An einem kleinen Laden, in dem wir uns noch mal mit Wasser eindecken, fragen wir mehrere Leute nach dem Weg. Alle zeigen in die gleiche Richtung, nämlich in die, aus der wir gekommen sind. Auch wenn wir es nicht glauben wollen, sie haben natürlich Recht, denn von den Straßen, die auf unseren Karten eingezeichnet sind, sind viele schon dem größer werdenden Tagebaugebiet zum Opfer gefallen. Das bedeutet, dass wir zunächst ein langes Stück zurück und am Ende wohl über 20 Kilometer Umweg fahren müssen, links von der Straße den Tagebau und rechts den im Wind raschelnden, völlig vertrockneten Mais.

Die Kohle wird vor Ort in mehreren Kraftwerken verstromt und im Lauf der Fahrt haben wir sogar einmal einen freien Blick in das gewaltige Loch, das die Bagger in die Erde gefressen haben. Tief unten sind die braunen Lagen zu sehen, die in einem unaufhörlichen Strom auf Förderbändern zu den qualmenden Schloten geschafft werden. Just dort steht ein Wachhäuschen, wo auch ein Aufpasser sitzt und uns das Fotografieren verbietet.

Auf den Straßen hier lassen nicht nur Fuchs und Hase und anderes Getier ihr Leben, sondern auch Menschen, wie die mit Blumen geschmückten Gedenksteine mit den Fotos der wohl bei Verkehrsunfällen Getöteten zeigen.

In Klicevac wollen wir eine Kaffeepause machen, aber die Cafés im Dorf haben am Sonntag offenbar Ruhetag, nur zwei kleine Läden haben auf, vor denen etliche Männer sitzen und Bier trinken. Kaffee gibt es nicht. So füllen wir nur unsere Wasserflaschen auf. Ein Stück weiter kommt uns ein Traktor entgegen. Sowohl der Fahrer als auch sein Mitfahrer, der auf dem Anhänger voller Maiskolben liegt, winken und recken die Daumen, als sie uns passieren. Das motiviert, denn der starke Gegenwind, der uns schon fast den ganzen Tag ins Gesicht bläst, hat uns schon arg zugesetzt.

Immer wieder, wie auch in Kroatien und Ungarn, kommen wir an Weingütern vorbei und das, was wir bisher probiert haben, hat uns geschmeckt. Viele Felder sind schon abgeerntet, die Maisstrohgarben stehen noch auf den Feldern und obwohl es so warm ist, haben die Tage jetzt schon etwas Herbstliches. In den Dörfern, die wir durchfahren, sehen wir auch schöne, große Häuser, zum Teil mit angelegten und gepflegten Gärten. An vielen dieser Häuser sind Getreidekränze an Türen und Hoftoren angebracht. Immer wieder gibt es auch Anwesen, die mit Blumen aus Plastikbändern geschmückt sind. Vielleicht wird hier eine Hochzeit gefeiert.

Ein paar Kilometer nach Klicevac geht es steil bergab und wir kommen wieder direkt an die Donau, die hier ganz breit ist. Unmittelbar am Wasser führt der Weg auf einem Damm entlang, von dem aus wir großartige Ausblicke haben auf die Hügel und Berge auf der rumänischen Seite gegenüber und auf die vielen Vögel direkt am Ufer. Kormorane, Möwen, Graureiher, weiße Reiher, Seeschwalben und Enten tummeln sich hier. Gegen halb drei erreichen wir den Silbersee, ein Feriengebiet der Serben, in dem heute trotz des heißen Sonntags relativ wenig los ist. Gleich im ersten Restaurant lassen wir uns nieder. Das Lokal ist bereits rappelvoll, aber wir bekommen noch einen Tisch auf der Terrasse. Drinnen feiert eine Gesellschaft mit lautstarker serbischer Live-Musik, Gesang und Tanz. Die Portionen, die wir serviert bekommen – der Hamburger ist ein Bratklops so groß wie ein ganzer Teller, das Wiener Schnitzel wiegt 450 Gramm – sind nicht zu schaffen, kosten dafür aber fast nichts.

Wir haben noch Zeit und nutzen die Gelegenheit für ein kurzes erfrischendes Bad im kalten Silbersee, an dessen Ufer ein kleiner Frosch sitzt. Auf der Weiterfahrt leuchtet Veliko Gradiste im Spätabendlicht. Dort verfahren wir uns noch mal und radeln dann die letzten 15 Kilometer, auf denen uns bei immer stärker werdendem Wind die Beine richtig schwer werden.

In Vinci, einem winzigen Ort direkt an der Donau landen wir in einer recht seltsamen Pension ein Stück abseits der Straße im Wald, fast wie bei Hänsel und Gretel. Die Wirtin will unsere Pässe zur Polizei bringen, was für längere Diskussionen unter Mithilfe des einzigen weiteren Gästepaars aus Triest führt. Schließlich füllen wir die Anmeldezettel selbst aus und behalten unsere Pässe. Zu trinken und zu essen gibt es nichts, weshalb wir uns nochmal auf den Weg machen in den nahegelegenen Ort und am Donauufer mit Blick auf Rumänien ein Bier trinken. Der Fluss ist wie ein Meer, stahlblau im Abendlicht. Kurz nach sieben wird es bereits dunkel.

Montag, 3. September, Vinci - Donji Milanovac

Punkt sieben Uhr gibt es Frühstück draußen im Wald: drei Spiegeleier, je zwei Scheibchen Schinken und Käse, Brot und Marmelade und einen Becher Kräutertee. Klingt deutlich besser, als es ist. Wir sind schnell fertig, zahlen knapp 20 Euro für Übernachtung, inklusive Frühstück und fahren los, mit dem gleichen Gegenwind wie gestern. Gleich in Golubac, dem nächsten Ort, trinken wir erst mal einen Kaffee in einem ganz nett aussehenden Lokal direkt am Wasser. Toiletten gibt es auch, nur Toilettenpapier, so die freundliche Auskunft des Betreibers, muss man selbst mitbringen.

Der Wind bläst so, dass die Donau richtige Wellen hat. An der Straße ist ein schmaler

Streifen "Strand" mit drei Sonnenschirmen, der Vollmond steht noch am Himmel und wir sehen eines der seltenen Frachtschiffe vorbeischwimmen. Ein Stück außerhalb – wir befinden uns jetzt im Nationalpark Derdap, einem großen Naturschutzgebiet, zu dem auch das Eiserne Tor gehört – fahren wir unter der imposanten Festung Golubac aus dem 14. Jahrhundert hindurch. Sie liegt genau am Eingang des Derdap-Passes und war jahrhundertelang bis Mitte des 19. Jahrhunderts von großer strategischer Bedeutung.

Wir begegnen einem enormen Hund, der zum Glück tot auf einer Brücke liegt und offenbar gibt es hier auch größere Schlangen, die sind aber auch alle schon plattgefahren. In den Dörfern vor den Häusern stehen gelegentlich noch Ziehbrunnen, mal noch in Betrieb, mal nur noch als Relikt.

In Brnjica kommen wir an einem Restaurant mit Tischen draußen vorbei und gönnen uns spontan mit Blick auf Donau und verrottende, rostige Kähne um halb zehn und nach noch nicht einmal 20 Kilometern, aber schon ziemlich fertig vom fast stürmischen Gegenwind, ein zweites Frühstück mit Hühnersuppe und serbischem Käse mit Tomaten-Paprikasalat samt warmen Riesen-Fladenbrot. Alles, was nicht niet- und nagelfest ist, fliegt während unseres Mahls davon. Käse solo und Salat außerhalb der üblichen Essenszeiten „kostet ein bisschen teuer", wie uns der Wirt, der ansonsten sehr gut deutsch spricht, beim Bestellen schon warnt und so sieht dann auch die Rechnung aus, die er uns präsentiert. Es ist das erste Mal, dass wir uns leicht abgezockt fühlen. Mit schweren Beinen, aber satt machen wir uns wieder auf den Weg.

In Dobra liegt der Friedhof direkt zwischen Straße und Donau. Inmitten der Gräber, auf deren Grabsteinen die Fotos der Verstorbenen angebracht sind, stehen Tische und Bänke, auf denen zweimal im Jahr mit und für die Toten ein Picknick veranstaltet wird.

Heute fahren wir die ganze Zeit an der Donau entlang, eine sehr schöne Strecke mit wenig Verkehr. Einziger Wermutstropfen ist der heftige Gegenwind, der keinen Augenblick nachlässt. Dazu müssen wir durch 17 Tunnels, die meisten sind allerdings kurz, nur vier sind zwischen 200 und 400 Meter lang. Wir haben zwar diesmal ordentliches Licht an den Rädern, sind aber trotzdem jedes Mal froh, wenn die schwarzen Löcher hinter uns liegen und uns kein Auto begegnet ist. Mitten auf der Strecke, die immer wieder schöne Ausblicke bietet, ist die Straße gesperrt, weil zwei Männer oben in der Felswand einen künstlichen Steinschlag auslösen, der die Fahrbahn unpassierbar macht. Die Autos müssen stehen bleiben, wir drücken uns aber in einer Lawinenpause und in gebührendem Abstand vorbei und fahren weiter.

Kurz danach müssen wir noch eine lange 10%ige Steigung bewältigen, was heute nur mit Schieben geht. Dafür genießen wir die Abfahrt, endlich mal nicht treten müssen, mit Blick auf die dunklen, rumänischen Karpaten. Dann kommt auch die Donau wieder in Sicht, die hier noch einmal ganz breit wird.

Die letzten Kilometer bis Donji Milanovac ziehen sich. Ein netter Ort direkt an der Donau, der nach dem Bau der Staumauer des großen, rumänisch-serbischen Wasserkraftwerks Derdap I ein Stück höher wieder neu aufgebaut wurde. Am frühen Nachmittag laufen wir dort ein und setzen uns in ein Restaurant mit Blick aufs Wasser. Bevor wir noch die Speisekarte in der Hand haben, trägt der Chef einen frischen Riesenwels über die Terrasse und so bestellen wir kurzentschlossen gegrillten Wels, der mit serbischem Salat und Pommes serviert wird. Dazu gibt es wieder eines der Fladenbrotträder. Am Nachbartisch sitzt, wie sich herausstellt, ein Metzinger Serbe, der hier mit zwei Cousins fischenderweise einen Teil seines Urlaubs verbringt. Er übersetzt für uns, wo es nötig ist und warnt uns zum Schluss noch vor den „betrügerischen Rumänen und Bulgaren".

Während wir essen, steht vor dem Restaurant ein LKW, um den sich gut 30 Menschen drängen. Wir erfahren, dass die Gewerkschaft säckeweise und umsonst gefrorene Hühner als Essensbeihilfe an die Leute verteilt, die diese teilweise mit Schubkarren abtransportieren.

Unsere Essenszeiten werden immer unorthodoxer: wir sitzen bis vier im Restaurant, aber das macht nichts, weil es hier immer was zu essen gibt, wie in allen anderen Ländern auch, die wir bisher passiert haben.

Zu unserem Hotel müssen wir noch ein ganzes Stück einen richtig steilen Berg hoch-schieben. Es ist ein älterer riesiger Kasten, in dem sich früher Titos Funktionäre vergnügt haben. Der Blick von dort oben auf die Donau und den Ort ist sehenswert. Der Speisesaal hat das Ausmaß einer Festhalle, zum Glück gibt es auch eine kleine Terrasse. Dort treffen wir Radlerkollegen, Christa und Karl-Heinz aus Hamburg, die wie wir nach Constanta ans Schwarze Meer wollen und von da aus weiter nach Odessa, was uns auf neue Ideen bringt. Abends, das ist ganz neu, kann man seit langem mal wieder einen Pulli brauchen, dabei zirpen die Grillen immer noch richtig laut und der Vollmond hängt wie eine große gelbe Straßenlaterne am Himmel.

Dienstag, 4. September, Donji Milanovac - Kladovo

Wieder mal ein schnelles Frühstück: weder die Dame an der Rezeption noch die am Früh-stücksbuffet spricht ein Wort Englisch oder Deutsch. So kommen, obwohl wir "no ham & eggs!" bestellen, eben doch Spiegeleier mit Schinken. Eine Portion können wir in Käse und Schinken tauschen, mit denen wir uns Brote für unterwegs machen.

Wir rollen den steilen Abhang ins Dorf hinunter, wo wir zum ersten Mal Schulkinder sehen – offenbar sind die Sommerferien zu Ende – und trinken dort einen guten Espres-so, bevor es los geht entlang der großen Schleife rund um einen Donauzufluss. Über eine Brücke kommen wir auf die andere Seite und ein Stück weiter nördlich dann wieder zurück zur Donau. Es ist noch angenehm kühl, wir fahren im Schatten, die Sonne strahlt die rumänische Uferseite an und das Wasser leuchtet im Morgenlicht. Es ist, als ob wir an einer Küste entlangfahren und das ohne Gegenwind. Auf einer gut asphaltierten und wie schon gestern sehr verkehrsarmen Straße macht es richtig Spaß dahinzurollen, während die große Donauschlucht, das Eiserne Tor, immer näher rückt. Vorher müssen wir noch durch vier Tunnels. Der erste ist wie ein Höllenschlund, länger als die bisherigen und deshalb sehr dunkel, innen nur sehr grob behauen, nicht verputzt und ohne die üblichen Reflektionsleitlinien. Die drei anderen sind kurz und problemlos. Vor dem letzten gibt es einen Rastplatz mit Bänken direkt an der engsten Stelle der Donau, wo das über 80 m tiefe Wasser sich zwischen den vor uns hochaufragenden Felswänden hindurchzwängt. Ein guter Platz, um unsere Brote zu verspeisen, auch wenn wir gleich wieder ein paar Wespen als Mitesser haben.

Nach dem letzten Tunnel geht es bergauf, aber die Steigung ist gut zu fahren und die Ausblicke auf die Schlucht sind einfach grandios. Es gibt jede Menge Aussichtspunkte, wir müssen immer wieder anhalten zum Schauen und Fotografieren. Nach dem Donaudurchbruch wird der Fluss wieder breiter, danach gibt es noch eine zweite Engstelle. Eine ganz tolle Landschaft, die wohl bisher schönste Strecke auf unserer Tour bei perfekten Bedingungen, einfach genial!

Das rumänische Donauufer ist eine Weile ganz nah, so dass wir das Donautal-Kloster sehen können und den an der zweiten Engstelle in die Felsen gehauenen riesigen Kopf des Dakerkönigs Decebalus. Dann weitet sich die Donau wieder, wir fahren bis auf knapp 300m hinauf und kommen so den von Straßen und menschlichen Behausungen völlig unberührten rumänischen Bergen auf der anderen Seite höhenmäßig etwas näher. Hier sagen sich sicher nicht nur Fuchs und Hase, sondern auch Luchs und Bär gute Nacht. Eine tolle Abfahrt bringt uns zurück an die hier wirklich mal schöne blaue Donau.

In Tekija machen wir in einem kleinen Restaurant Mittagspause. Es ist schon wieder richtig heiß und wir trinken zwei Liter köstliche Limonade, die genau so viel kostet wie das ganze Essen: zwei Salate, eine Fischsuppe und eine riesige Portion Cevapcici mit Pommes, zwei Kaffee sowie ein Schälchen gezuckerte Quitten auf Kosten des Hauses.

Von hier sind es noch 22 Kilometer bis Kladovo, anfangs noch im Schatten, während auf der rumänischen Seite schon den ganzen Tag die Sonne brennt und deutlich mehr Verkehr herrscht, als auf unserer Seite, vor allem Lastwagen. Diesbezüglich sind wir froh, dass wir in Serbien geblieben sind. Nach 11 Kilometern passieren wir die große Staumauer des rumänisch-serbischen Wasserkraftwerks Derdap I bei Sip, wo es auch einen Grenzübergang gibt, den wir links liegen lassen. Auf den letzten Kilometern ins serbische Kladovo werden uns in der Sonne und bei Gegenwind die Beine schwer, hinzukommt, dass die hässliche Industrielandschaft nach den wunderbaren letzten 55 Kilometern richtiggehend weh tut. So sind wir froh, als wir die Stadt erreichen und fahren gleich an die Donaupromenade. Dort gibt es wieder so ein großes Hotel aus der gleichen Ära wie das gestrige, wir entdecken aber per Zufall ein kleineres mit Liegestühlen im Hof und mit Swimmingpool. Der ist einladender als ein Bad am Donaustrand gegenüber des rumänischen Industriehafens und so checken wir kurzerhand dort ein. Gegen Abend erkunden wir noch die kleine Fußgängerzone, in der es viele Cafés, aber keine Ansichtskarten gibt und essen dann im großen Ex-Polit-Hotel auf der Terrasse gegrilltes Gemüse und serbischen Käse zu einer Flasche bemerkenswertem Radovanovic Rotwein, während sich die Donau unter dem Abendhimmel von rosa in orange verfärbt.

Mittwoch, 5. September, Kladovo - Negotin

Seit langem gibt es mal wieder frischen Obstsalat zum Frühstück, den wir sonst doch sehr vermissen. Gut gestärkt verlassen wir Kladovo durch die Fußgängerzone, die Sonne scheint und gleich am Stadtrand geht es ein langes Stück ohne Schatten kräftig bergauf: genau das, was man am frühen Morgen braucht. Über diesen Hügel kürzen wir eine Schleife der Donau ab, dabei ist es um acht Uhr früh schon fast zu warm, während der Wind leicht aus „wechselnden Richtungen" weht, wie es so schön heißt. Auf einer wilden Müllkippe brennt es an verschiedenen Stellen. Es ist schon sehr schade, dass überall der Müll herumliegt, besonders an den Straßenrändern. Jeder wirft seinen Dreck einfach irgendwohin, das gleichmäßige Verteilen besorgt der Wind.

Auf diesem Stück begegnen uns auch wieder einmal besonders durchgeknallte Autofahrer. Auf engsten Straßen und bei Gegenverkehr wird überholt, statt zu bremsen, gibt man lieber kräftig Gas und rast möglichst schnell an den Hindernissen – dazu zählen natürlich auch Radfahrer – vorbei, manchmal nur mit ein paar Handbreit Abstand.

Rechts von der Straße erstreckt sich eine gelbbraune Wiesenlandschaft mit vereinzelten grünen Bäumen darin, dahinter die Hügel und Berge im Dunst – das hat was von afrikanischer Savanne.

Am Ortseingang von Grabovice bellt rechts ein Hund und links krähen zwei Hähne, ein bisschen spät dran die Jungs. Hier wollten wir eigentlich eine Kaffeepause machen, aber "no kafanan". Dafür finden wir in Brza Palanka ein Restaurant, das geöffnet ist. Bei serbischer Musik sitzen wir mit einem türkischen Kaffee draußen, allein und ganz friedlich im Schatten mit Blick auf die Donau. Zwei niedliche junge Hunde tollen um uns herum und stürzen sich sofort auf alles, was nach Essbarem riecht. Für die drei Kaffee, die mit einem großen Stück kandierter Birne kommen und eine Flasche Wasser verlangt der Wirt 1,50 Euro.

Nach zehn Kilometern geht die Fahrt am Fluss entlang weiter, der unbefestigte Weg ist eng und zugewachsen, ein Stück Wildnis: viele Vögel, bunte Schmetterlinge, Libellen und Mücken fliegen um uns herum, Eidechsen huschen in die Büsche und aus den Pfützen auf dem Weg flüchten schwarze Molche und kleine grüne Frösche, während deren fettere und größere Kollegen auf den rosettenartigen Wasserpflanzen am Flussufer sitzen und keine Fluchtversuche unternehmen, bis eine armlange, dünne Wasserschlange ihnen nachstellt. Am Wegesrand blühen lila Sträucher mit schwarzen Beeren, die wir nicht kennen und über dem Wasser fliegen weiße Reiher. Es ist ganz ruhig hier. Alle paar hundert Meter steht zurückgesetzt in den Büschen eingewachsen ein heruntergekommenes, ärmliches Haus und wir fragen uns, wovon diese Menschen mit ihren vielen Hunden leben. Einen meist halbverfallenen Steg mit nett gemachten, originellen Sitzgelegenheiten zum Angeln hat praktisch jeder, dazu manchmal auch ein kleines Boot. Eine wirklich malerische Sumpf- und Wasserlandschaft.

In den Dörfern stehen neben all den einfachen und heruntergekommenen Häusern immer mal wieder palastartige Gebäude, die wie fast alle Neubauten hier mit vielen kitschigen, aber offensichtlich beliebten und fast immer gleichen Elementen verziert sind: korinthische Säulen, Arkadenbögen, Löwenfiguren und Götterstatuen. Nach den davor geparkten Autos zu urteilen, werden etliche dieser Bauten wohl mit in Deutschland verdientem Geld gebaut.

Zwischendurch verlassen wir kurz das Ufergebiet, um einen Ort zu durchfahren, der wie ausgestorben wirkt. Es gibt einen großen Friedhof, auf dem die Gräber wie kleine Tempel gebaut sind, mit Rundbögen und klassizistischen Säulen. Viele sind noch frei, Neubauten sozusagen und so in Reihe stehend sieht das Ganze aus wie eine Reihenhaus-Neubausiedlung. Überhaupt sehen wir auf den Friedhöfen, die fast immer am Straßenrand liegen, viele Gräber, auf denen bereits die Konterfeis der späteren "Bewohner" zu sehen sind, mit Geburts-, aber noch ohne Sterbedatum. Die Todesanzeigen wiederum hängen überall aus, an Bäumen, Laternenmasten, Bushaltestellen, Plakatwänden usw. Offensichtlich lebt man hier viel mehr als bei uns mit dem Tod.

Wieder zurück auf der Straße, brauchen wir eine Pause, aber das groß angekündigte Bett&Bike-Café am Ende eines Hügels hat geschlossen. Wir nutzen trotzdem die Sitzgelegenheit, um unsere Äpfel zu essen. Als wir die Anhöhe geschafft haben, blicken wir auf das Wasserkraftwerk Derdap II, ein ebenso gewaltiges Bauwerk wie Derdap I und genauso unschön.

Die restlichen Kilometer bis Negotin sind öde, die Felder fast alle abgeerntet und braun oder abgebrannt und es zieht sich, bis wir die Stadt erreichen, wo wir mit Hilfe der zahlreichen Schilder die Pension, die wir uns für die Übernachtung ausgesucht haben, schnell finden. Der junge Mann an der Rezeption spricht perfekt deutsch: er studiert Politikwissenschaft in Wien und unterstützt seine Familie während der Semesterferien. Wir unterhalten uns eine Weile über den Jugoslawienkrieg, seine Gründe und die Folgen und sind überrascht zu hören, dass, wie er sagt, nur ein geringer Anteil der Bevölkerung die Politik Milosevics unterstützt habe. Die Serben hätten die Nato-Angriffe nicht verstanden und als zutiefst ungerecht empfunden und viele sähen sich als Opfer der Errichtung einer neuen Weltordnung nach dem Zusammenbruch des Kommunismus. Er erzählt uns auch, dass wir uns in der Walachei befinden, einer Landschaft, die es so heute nicht mehr gibt. Die Walachen verteilen sich in der Minderheit auf Serbien, die meisten wohnen in Rumänien und einige in Bulgarien. Sie sprechen eine eigene Sprache, serbisch ist für die Serben in diesem Landesteil mehr oder weniger Fremdsprache, die sie in der Schule lernen. Graf Dracula ist demnach Walache.

Wir beziehen unser schönes Zimmer und machen uns sehr hungrig gegen drei Uhr auf ins Zentrum auf der Suche nach einem späten Mittagessen, doch wir finden in der 15.000 Einwohner-Stadt kein einziges Lokal, das etwas zu essen anbietet. Cafés gibt es unzählige, aber kochen will offenbar keiner. Dem Verhungern nahe, kaufen wir bei einem Pizzabäcker eine sehr leckere Riesenpizza und verspeisen diese in einem der Cafés in der Fußgängerzone. Dort dürfen wir nicht nur sitzen und das Mitgebrachte verzehren, wir werden auch noch mit Messer und Gabel ausgestattet, total zuvorkommend bedient und am Ende holt der Besitzer in der Bäckerei nebenan für uns Alufolie, damit wir die übrig gebliebenen Reste mitnehmen können.

Die junge Frau, die uns bedient, lernt bei ihrem ersten Auslandsjob in Wien gerade deutsch und ist auf Heimaturlaub, Aushelfen beim Vater, der uns erzählt, dass die Stadt vor ein paar Jahren noch 30.000 Einwohner hatte, dass viele aber wegziehen in die großen Städte oder ins Ausland. Viele Serben aus Negotin arbeiten, so sagt er, in Baden-Württemberg und zählt auf: Nürtingen, Aalen, Freiberg und Schwäbisch Gmünd, was ihm nicht

leicht über die Zunge geht. Mit unserer Restpizza und beeindruckt von so viel Gastfreundschaft und Herzlichkeit ziehen wir von dannen.

In unserem Quartier beschäftigen wir uns mit dem weiteren Reiseverlauf und sitzen
abends bei lauen Temperaturen auf der Terrasse, wo uns nur die Stechmücken belästigen,
die wir uns mit Chemie vom Hals zu halten versuchen.

Donnerstag, 6. September, Negotin (SRB) – Vidin (BG)

Wir kriegen ein richtig gutes Frühstück in der Pension, mal wieder ordentlichen Kaffee
und quasi zum Nachtisch Palatschinken mit Aprikosenfüllung. Weil das Kreditkartengerät
kaputt ist, müssen wir alles, was wir an Euros und Dinar noch besitzen zusammenkratzen,
um unsere Rechnung zu bezahlen. Es reicht trotzdem nicht und so spendiert man uns notgedrungen die Getränke vom Vorabend. Wir packen die Räder und wollen gerade los, als
einer der Angestellten, die kaum englisch spricht, einfällt, dass unsere Pässe noch an der
Rezeption liegen. Fatal, wenn wir die vergessen hätten. Das versuchen wir eigentlich konsequent zu vermeiden, indem wir unsere Pässe, wenn überhaupt, nur kurz aus der Hand
geben. Pässe vorzeigen müssen war auf der ganzen Reise die Regel, aber die Kroaten und
die Serben nehmen es mit der hier geltenden polizeilichen Meldepflicht besonders genau
und behalten die Papiere am liebsten über Nacht. Wir hätten den Verlust zumindest relativ
schnell bemerkt, denn 20 Kilometer hinter Negotin wollen wir die Grenze nach Bulgarien
überqueren. In der noch friedlichen Fußgängerzone treiben sich überraschend viele streu-
nende Hunde herum, die uns aber nicht belästigen. Etwas, das wir so zum ersten Mal
sehen. Zahlreiche Schüler sind unterwegs in ihre Schulen, nicht so die Roma-Kinder, an
denen wir ein Stück weiter stadtauswärts vorbei kommen. Es ist ein Jammer, dass ihnen
damit jede Chance auf eine bessere Zukunft genommen wird.

Auch heute haben wir auf den ersten 20 Kilometern einen veritablen Berg zu bewältigen,
der auf keiner unserer Karten verzeichnet ist. Auf halber Strecke etwa haben wir einen
tollen Blick auf Negotin, das bei diesiger Sicht im Morgenlicht unten im Tal liegt. Die
wirklich sehr schöne Strecke erinnert uns sehr an unsere diversen Touren im südlichen
Frankreich und ist bei Windstille und mit noch erträglichen Steigungen einigermaßen gut
zu fahren.

Bei der Ausreise an der Grenze kontrolliert eine freundliche Beamtin unsere Pässe, dabei
merken wir, dass wir die vorgestern in Kladovo mit Mühe gefundenen, serbisch frankierten
Ansichtskarten noch in der Tasche haben. Sie erklärt sich bereit, die Post für uns einzu-
werfen und wir schenken ihr dafür drei Restbriefmarken, für die wir in Negotin vergeblich
nach Ansichtskarten gesucht haben.

In der Gegenrichtung stehen bulgarische Pkw und Lkw Schlange, von denen keiner etwas
geladen hat und warten geduldig auf ihre Abfertigung, wobei wir nicht den Eindruck haben,
dass hier wirklich etwas voran geht.

Den zweiten Schlagbaum passieren wir ohne viel Aufhebens. Die bulgarische Grenzbeamtin
winkt uns mit einem kurzen Blick in unsere Pässe freundlich durch, zurück in die EU. An
der Grenze tauschen wir einen kleinen Grundstock der bulgarischen Währung und

bekommen je Euro 1,96 Leva, ungefähr so viel, wie die D-Mark seinerzeit wert war, was uns das Umrechnen leicht macht.

Im Grenzdorf Bregovo sieht es gleich deutlich schlechter aus, als noch in Serbien: man hat den Eindruck, noch einmal 20 Jahre zurückgeworfen zu werden. Radwegschilder gibt es überhaupt keine mehr und auch normale Straßenschilder sind nur spärlich vorhanden. So fragen wir an der Tankstelle am Ortsende nach dem Weg. Die Auskunft in passablem Englisch ist leider nicht zielführend, dafür hilft uns ein Passant, der nur bulgarisch spricht, mit einer kleinen Skizze, die richtige Straße zu finden. Am Himmel ziehen dunkle Wolken auf und wir merken, dass wir schon überhaupt nicht mehr mit schlechtem Wetter rechnen.

In den Dörfern stehen uralte russische Trecker und Maschinen, die bei uns sofort ins Museum kämen, Eselskarren und Pferdefuhrwerke kommen uns entgegen, an einem läuft ein junges Fohlen neben dem Zugpferd. Wir fühlen uns in eine andere Welt versetzt. Viele Häuser stehen leer, auch viele landwirtschaftliche Gebäude, ehemalige Verwaltungsgebäude und kleine Fabriken, die alle verfallen. Gleichwohl sind die Gärten vieler Häuser gepflegt, dort wachsen Blumen und es wird Gemüse angebaut. Dazwischen laufen Hühner, Gänse, Enten und Truthähne. Draußen auf den Feldern, von denen sehr viele brachliegen, ernten die Menschen Mais mit der Hand, ein anderer Bauer nutzt dafür ein Gerät, mit dem immer nur eine Reihe geschnitten und gedroschen wird. In Serbien wurde ein paar Meter vor der Grenze heute Morgen auch der Mais geerntet, aber mit großen Mähdreschern.

Die Menschen sind sehr freundlich, schauen uns zwar erst einmal an, als ob wir vom Mond kämen, winken dann aber und grüßen. Pause machen wir diesmal in einem Café, das in einer ehemaligen Kirche untergebracht ist, aus dem Lautsprecher schallt wie immer laute Musik.

Es ist schwül, wir haben leichten Rückenwind und die Straßen sind keine groben Flickenteppiche mehr, wie in Serbien, sondern glatt asphaltiert, dafür voller Schlaglöcher, die so tief sind, dass man ihnen zumindest mit dem Rad besser ausweicht. Stellenweise qualmt es noch vom Abbrennen des Grases rechts und links der Straße, wobei auch die Bäume und Sträucher zum Teil verkohlen.

Mühelos erreichen wir Vidin, wo überall auf den Zufahrtsstraßen Europa-Fahnen wehen: hier ist man offenbar stolz, Europäer zu sein. Die Stadt wirkt, so wie die Dörfer zuvor, ausgestorben. Den Grund erfahren wir im Hotel: es ist Feiertag und langes Wochenende aus Anlass des 128. Jahrestages der Staatsgründung.

Die Stadt hat eine große, heute menschenleere Fußgängerzone mit ein paar sozialistischen Denkmälern und ebensolchen Plattenbauten, aber auch einigen schönen, etwas vergammelten Gebäuden. Wir checken im Hotel an der Donau ein, das mit Pool und Restaurant gleich daneben recht luxuriös ist und besichtigen noch ein bisschen die Umgebung mit der mittelalterlichen Festung, der orthodoxen Kirche gegenüber der Moschee und dem Stadttor aus dem 17. Jahrhundert und ziehen uns dann zurück ins Hotel an den Pool, wo wir auch wegen der Zeitverschiebung von einer Stunde erst um 16 Uhr zu Mittag essen und später irgendwann müde ins Bett fallen.

Freitag, 7. August, Vidin (BG) – Bechet (RO)

Das Frühstück in dem ansonsten schönen Hotel ist nicht der Brüller, entsprechend schnell sind wir auf dem Weg zur Donaufähre, die uns nach Calafat und damit nach Rumänien bringt. Feste Abfahrtszeiten gibt es angeblich nicht, die Fähre fährt, wenn sie voll ist. Den Weg zum Anleger ein paar Kilometer außerhalb finden wir schnell und fahren ohne Halt durch die menschenleere Grenzstation der Bulgaren, im Glauben, innerhalb der EU nicht kontrolliert zu werden. Da pfeift es scharf hinter uns. Es war doch einer da und der will sehen, wer das Land verlässt. Der Beamte mault erst ein bisschen, wird dann aber freundlich und erklärt uns, dass es doch eigentlich immer nur die Holländer seien, die Schengen-technisch Probleme machen würden, grinst und wünscht uns auf deutsch "gute Reise".

Wir haben Glück, denn die Fähre legt gerade an, als wir für 3 Euro pro Person samt Rad unsere günstigen Tickets kaufen, denn Pkw zahlen immerhin schon 23 Euro und Lkw 90 Euro für die kurze Überfahrt. Das Schiff ist schnell voll und eine gute halbe Stunde später legen wir ab. Eigentlich sollte 2010 die neue, große Donaubrücke fertig sein, die wir die ganze Fahrt über vor Augen haben, aber beim Näherkommen erkennt man, dass es noch etwas dauern wird, bis hier die letzten Lücken geschlossen sind und die ersten Autos fahren.

In Calafat müssen wir als erstes rumänisches Geld aus einem Automaten ziehen. Für einen Euro bekommen wir 4,5 Lei. Auf der Post werden wir noch unser drittes Päckchen mit Karten und Reiseführern von Kroatien und Serbien los und lassen uns dann direkt in einem Café nieder, denn es ist schon halb elf und obwohl wir noch nicht viel geleistet haben, knurrt uns nach dem Magerfrühstück schon wieder der Magen. Raimund holt sich an einem Stand an der Straße frischgebackene heiße und mit Käse gefüllte Teilchen, Klaudia verdrückt eine Portion Spaghetti. Wir sitzen am quirligen Hauptplatz der Stadt, der schön angelegt ist mit Bäumen, Blumen und Springbrunnen, einem Denkmal und Häusern in mehr oder weniger schlechtem Zustand.

Als wir aus der Stadt hinaus fahren, kommen wir an kleinen Häusern vorbei, die wie im indischen Slum wirken, einfach erschreckend. In der anderen Richtung der Straße steht ein verfallenes Fabrikgebäude und während wir ein Foto machen, sprintet eine Meute Hunde von irgendwoher auf uns zu. Sie kläffen uns aber nur an und drehen dann wieder ab.

Die Straße führt geradeaus durch flaches Land und als wir in die erste langgezogene Ortschaft fahren, haben wir das Gefühl, in eine Zeitmaschine geraten und mindestens in den 30er Jahren gelandet zu sein: Pferdewagen als Hauptverkehrsmittel, ein Mann zieht eine Kuh am Strick hinter sich her, eine alte Frau mit Kopftuch schiebt einen Handkarren, ein altes Paar auf einem Wagen, der im Schritttempo von einem Esel gezogen wird.

Die Häuser säumen die Straße, alle haben Zäune mit einem Tor, entweder aus Holzlatten, Metall oder Betonguss mit Ornamenten und sind so nach außen abgeschottet. Vor jedem Zaun steht auch eine Bank, wo die Menschen zumeist einfach nur dasitzen, miteinander reden oder auf die Straße sehen. Alle älteren und alten Frauen tragen Kopftuch. Vor den Häusern stehen Ziehbrunnen, die alle noch genutzt werden und in den Höfen lagern duftende, hoch aufgeschichtete Heuhaufen und Maisstroh-Bündel, die aussehen wie überdimensionale Pudelmützen.

Außerhalb der Ortschaften begegnen uns Gänsescharen, die wie Puten und Hühner mit und ohne Küken einfach am Straßenrand grasen und Hirten, die ihre Schaf- und Ziegenherden an mittelalterlichen Balken-Ziehbrunnen neben der Straße tränken und hin und wieder auch die Straße blockieren. Wir kommen uns vor wie Exoten. Die Menschen starren uns an – und wir sie – und wenn wir grüßen, strahlen sie, grüßen zurück und winken. Die Kinder rufen "hallo" oder "salut" und bringen sich am Straßenrand in Position, um uns abzuklatschen. Noch nie haben wir an einem Tag so viel gewinkt. Es ist unglaublich und eigentlich völlig surreal und wenn die Autos nicht wären, die es auch gibt und deren Fahrer uns oft hupend grüßen oder das Handy am Ohr des jungen Mannes, der uns auf einem Pferdewagen telefonierend entgegenkommt oder die wenigen Satellitenschüsseln an den Häusern, wir würden nicht glauben, dass wir uns im Europa des 21. Jahrhunderts befinden. Eselskarren und Pferdewagen, bei denen oft auch ein Fohlen mitläuft, sind reguläre Verkehrsmittel und haben ein Nummernschild, nur die Durchgangsstraße ist geteert, die Nebenstraßen sind Sandpisten und Supermärkte gibt es nicht. Die Läden sind in ganz normalen Häusern untergebracht, über deren offen stehender Türe, meist mit einem Fliegenvorhang, zu lesen ist, was dort verkauft wird. Die Häuser sind alle in der gleichen Art gebaut, einstöckig, meist mit Portikus mit eigenem Dach, manchmal wie ein Türmchen. Viele sind in schlechtem Zustand. Die Friedhöfe wirken einfacher als in Serbien und nicht so gepflegt, dafür sind hier an ganz vielen Häusern Marmortafeln mit den Fotos und den Geburts- und Sterbedaten der Bewohner, manchmal auch nur ein Foto mit Trauerflor. Vor allem für die Alten ist das ist hier ein anderes, hartes und armes Leben mit einer anderen Geschwindigkeit und manches wirkt auf uns trist. So stellen wir uns eigentlich Russland vor.

Zwischen den Ortschaften reichen die meist abgeernteten und auch brachliegenden Felder bis an den Horizont, in den Bäumen an der Straße sitzen die Stare in Trauben, an einem großen See mit Schilfrand wimmelt es von Gänsen, Enten und sonstigem Federvieh. Es ist eine lange und aufregende Fahrt mit Rückenwind.

Wir machen noch einmal Pause und verdrücken unsere restlichen Brote in einem Kneipen-Kaffee-Laden an der Straße, die es in jedem Ort gibt und wo die wichtigsten Dinge, wie Brot, Getränke und Grundnahrungsmittel zu bekommen sind. Meist sitzen ein paar Männer beieinander und trinken Bier aus zweieinhalb Literflaschen, sind aber noch in der Lage zu fragen, woher wir kommen und wohin wir wollen. Die braunen Plastikflaschen finden sich auch überall am Straßenrand und in der Landschaft. Überhaupt werden Getränke hier in für unsere Verhältnisse sehr großen Gebinden von zwei und zweieinhalb Liter verkauft.

In Gighera wollen wir eigentlich übernachten, es gibt dort einen Campingplatz mit kleinen Hütten, aber die Realität hält nicht, was das Bild auf der Werbetafel versprach und so fahren wir weiter bis Bechet, wo wir nach 109 Kilometern ziemlich erschöpft ankommen. Am Ortseingang steht ein Gebäude, das wie ein Hotel aussieht, auch eines ist, wie sich auf Nachfrage herausstellt, aber leider noch nicht bezugsfertig. Das von uns vor dem Gebäude angesprochene Ehepaar kennt noch ein anderes Hotel und weil die Erklärung schwierig ist, lotsen uns die beiden Rumänen kurzerhand mit ihrem Auto zum „Casa Verde", wo wir ein nettes Zimmer bekommen. Allein hätten wir das nie gefunden, denn es gibt keinerlei Schilder oder Hinweise. Wir bekommen dort auch ein Abendessen: rumänischen Tomatensalat, panierte, sehr gräten- und knochenhaltige Fischkoteletts und leckere Kartoffeln.

Außerdem haben wir beim Essen Gesellschaft: mit Lutz aus Thüringen, der auch mit dem Rad Richtung Schwarzes Meer unterwegs ist, unterhalten wir uns den Abend über und am Nebentisch sitzt noch ein Motorradfahrer-Paar aus dem Ruhrgebiet.

Samstag, 8. September, Bechet - Turnu Magurele

Weil es im Casa Verde erst um acht Uhr Frühstück gibt, fahren wir ungefrühstückt nach Bechet auf die Hauptstraße. Eine Café-Bar finden wir gleich, etwas zu essen dazu zu finden ist schwieriger. Raimund jagt uns drei rumänische Brezeln und zwei Joghurts, für die ihm der Verkäufer für hiesige Verhältnisse ein Vermögen abknöpft, der erste Fall von Abzocke. Dazu gibt es kleine schwarze Kaffees ohne Milch im Plastikbecher.

Es ist richtig kühl heute früh, selbst in der Sonne. Hinter Bechet ist die Landschaft etwas welliger und es wächst viel Wein. Die Orte, die wir passieren, wirken schon etwas moderner als gestern, nicht mehr so einheitlich, es gibt auch immer mal wieder größere und neuere Häuser, wir sehen kaum noch Ziehbrunnen, aber immer noch jede Menge Pferdewagen, die meisten vollbeladen mit Maisstroh. Neben den Pferdewagen gibt es auch viele Radfahrer, die oft auf alten, quietschenden Drahteseln unterwegs sind.

Die deutschen Motorradfahrer aus der Pension überholen uns und auch Lutz treffen wir auf der Fahrt heute immer wieder.

Kurz vor Corabia steht eine große Fabrikruine an der Straße, die einmal ein Textilbetrieb war. Inzwischen ist es schon wieder gut warm und deshalb angenehm, auf der schattigen Allee in die Stadt zu radeln. Allerdings erschließt sich uns nicht so recht, wo das Zentrum ist, dafür sehen wir den ersten deutschen Supermarkt. Ein Schild weist uns den Weg zum Hafen, wo es auch ein Hotel mit Restaurant geben soll, aber die Straße sieht aus, als ob sie im Nirgendwo endet. Nach ein paar Metern drehen wir wieder um, finden ein Schild, das aber eindeutig in diese Richtung zeigt und rollen dann doch den Hoppelweg ganz hinunter. Direkt am Wasser steht tatsächlich das Hotel und davor liegen ein paar kleine Boote. Hafen stellen wir uns eigentlich anders vor.

Im Hotel-Restaurant ist schön gedeckt, aber es gibt nichts zu essen für uns: alles ist an diesem Samstag reserviert für eine Hochzeitsgesellschaft, wie uns der recht gut deutsch sprechende Kellner erklärt. Er schickt uns zurück ins Zentrum ins Restaurant Perikle, das wir auch erst suchen müssen, wo aber viele Menschen sitzen und wir uns eine Pizza teilen. Nach der langen Pause geht es gestärkt und immer noch mit Rückenwind auf einer schnurgeraden Straße weiter, vorbei an einem Wasserlauf, einer Schilfsenke voller Gänse und an endlosen Feldern, gesäumt mit Pappeln, deren Kronen schwarz sind von Krähen. Wahrscheinlich beobachten sie den auf dem riesigen Feld winzig wirkenden Traktor, der ebenfalls von Vögeln umschwirrt wird. Ein Stück weiter sehen wir das erste Mal hier einen richtigen Mähdrescher. Die riesigen Ackerflächen, von denen erhebliche Teile brachliegen und die sich eigentlich nur mit entsprechenden Maschinen vernünftig bearbeiten lassen, gehörten früher den landwirtschaftlichen Großbetrieben. Heute stehen überall noch große, verfallene Gebäude, die früher einmal Ställe und Wirtschaftsgebäude waren. Im Zuge einer Landreform nach dem Sturz Ceausescus erhielten die Bauern kleinere Parzellen, die sie mit ihren Pferdefuhrwerken bewirtschaften, wobei, wie man uns sagte, viele es vorziehen, von der Sozialhilfe zu leben.

Wie gestern und vorgestern sind ab und zu die Böschungen verbrannt, nur dass die Feuer heute an einigen Stellen noch brennen. Über eine holprige und nicht sehr vertrauenerweckende Brücke mit verrostetem Geländer überqueren wir den Fluss Olt, der nur sehr wenig Wasser führt, daneben stehen verrottenden Strommasten mit traurig herunterhängenden Isolatoren und Leitungen.

In Turnu Magurele stoßen wir zuerst auf die Kathedrale mit ihren zwei verdrehten Türmen. Dort steht das Fahrrad von Lutz, ihn selbst treffen wir drinnen: dort läuft ein Tonband mit orthodoxen Gesängen und der schöne, dunkle, fast ganz mit Teppichen ausgelegte Kirchenraum mit einer ausgemalten Kuppel und großen Kronleuchtern wirkt wie eine Oase der Stille.

Lutz fährt weiter, um den günstigen Wind zu nutzen, uns reichen die 85 Kilometer für heute, wir bleiben im Hotel um die Ecke. Als wir unser Gepäck abladen, werden wir zum ersten Mal massiv von Roma-Kindern angebettelt.

Am Spätnachmittag erkunden wir ein wenig den Park mit dem monumentalen sozialistischen Kriegerdenkmal und den Wasserspielen, sitzen in einer netten Café-Bar, werden von aggressiven Schnaken zerstochen und trinken einen halben Liter frisch gepressten Orangensaft für wenig Geld. Später suchen wir vergeblich ein Restaurant fürs Abendessen, finden stattdessen aber einen noch geöffneten Computerladen, dessen Angestellter uns zwei Seiten ausdruckt und sich standhaft weigert, dafür auch nur einen Lei zu nehmen.

Zum Essen landen wir auf der Terrasse unseres Hotel-Restaurants, wo wir rumänische Hühnchen-Spezialitäten probieren, während drinnen lautstark eine Taufe und bei uns draußen am großen Nebentisch ein Geburtstag gefeiert wird.

Sonntag, 9. September, Turnu Magurele - Zimnicea

Obwohl es kühl ist, frühstücken wir auf der Terrasse, weil es im Restaurant wegen des gestrigen Fests, das bis zum ersten Hahnenschrei ging, noch total nach Zigarettenrauch stinkt. Wir bestellen alles Mögliche von der Frühstückskarte, wahrscheinlich hätten wir die ganz abessen dürfen, währenddessen nach dem Glockenläuten nebenan in der Kathedrale der Gottesdienst beginnt, der per Lautsprecher – praktisch nur Gesang – nach draußen übertragen wird. Die Roma-Kinder von gestern sind auch schon wieder da.

Nach dem Frühstück gehen wir in die Kirche. Der Ritus ist uns völlig fremd, die Leute kommen und gehen, bekreuzigen sich, küssen die Ikonen, kaufen Kerzen und palavern dabei mit der Verkäuferin. Während der ganzen Zeit singen zwei Vorsänger mit guter Stimme, was sehr schön klingt. Der Pope kommt irgendwann mit einer Bibel hinter der Ikonostase hervor und stellt sie in die Mitte des Chors, wo diese ebenfalls, zuerst von ihm und dann von den Gläubigen geküsst wird.

Turnu Magurele zu verlassen fällt uns nicht ganz leicht. Zweimal fahren wir die gleiche Straße rauf und runter auf der Suche nach der richtigen Richtung, bis uns ein Passant auf Rumänisch, aber trotzdem verständlich, den Weg weist.

Die Pferdewagen transportieren heute außer Maisstroh auch große Braunkohlestücke und Trauben, auf etlichen Feldern ist die Weinlese im Gange, ansonsten ist heute Puten- und Gänsetag: so viel Federvieh wie hier, am Straßenrand, auf freiem Feld und sogar auf dem Fußballplatz haben wir noch nie gesehen. Wenn die Störche nicht schon längst Richtung Süden unterwegs wären, gäbe es davon auch eine Menge zu sehen, denn auf praktisch jedem zweiten Strommast ist ein Nest, allerdings oft schon ziemlich lädiert und von Krähen okkupiert. Über den Feldern fliegen unzählige Stare, wie eine schwarze Wolke bewegen sie sich hin und her, Schaf- und Kuhhirten sind mit ihren Herden unterwegs, ein altes Paar steht mit seinem Pferdewagen am Wegrand und sammelt Grünzeug, überall fahren Pferdewagen mit Großfamilien, voller Maisstroh, Heu oder Baumaterial, es wirkt alles ziemlich archaisch.

In den Ortschaften gibt es jetzt auch schon dreistöckige Häuser, es wird viel gebaut und wir sehen mehrere ganz neue Getreidesilos, Traktoren und Mähdrescher, nur von der Donau sehen wir auch heute nichts und ein Donau-Radwegschild haben wir, seit wir in Rumänien sind, auch noch nicht erblickt.

Da alle Läden mit Sitzgelegenheit heute am Sonntag von Einheimischen belegt sind, machen wir unsere erste Pause auf einer Bank vor einem Privatgrundstück, wo wir die gestern gekauften Nektarinen und Birnen essen. In Suhaia finden wir dann doch noch einen Platz, nachdem wir uns zwei Hügel raufgequält haben und schon fast nicht mehr können. Dort kommen – wir erinnern uns, dass es das früher bei uns auch gab – drei Roma mit großen Taschen vorbei, um Matratzen, Decken und Teppiche zu verkaufen. Neben uns am Tisch sitzen drei Generationen – Großvater, Sohn und Enkel – und wünschen uns, als sie aufstehen und ins gegenüberliegende Haus gehen "bon voyage".

Die Menschen grüßen und winken immer noch viel, vielleicht nicht mehr so oft wie am Anfang, oder wir haben uns inzwischen daran gewöhnt, und in den größeren Orten, in denen wir übernachten, ist sowieso alles schon wieder ganz anders, hier merkt man von diesem "anderen Leben" nicht mehr so viel wie in den Dörfern, es ist bereits städtischer, der Unterschied zu unserem Leben ist nicht mehr ganz so krass.

Nach 60 Kilometern erreichen wir Zimnicea und kommen direkt am Hotel Inter an, wo wir ein sehr schönes Zimmer beziehen. Wir sind heute richtig k.o. und bewegen uns so gut wie gar nicht mehr, nur noch hinauf auf die Restaurant-Terrasse zu einem späten Mittagessen mit griechischem Salat, Speckkartoffeln und Tzatziki und viel Limonade. Und da bleiben wir dann auch einfach sitzen, schreiben an unserem Reisetagebuch und planen die weitere Strecke. Abends tauchen dort völlig überraschend Karl-Heinz und Christa aus Hamburg auf, die wir in Donji Milanovac im Hotel kennengelernt haben und die uns mit der Idee inspiriert haben, statt die bulgarische Schwarzmeerküste hinunter zu fahren, den Weg über Odessa in der Ukraine zu nehmen. Wir verbringen einen netten Abend zusammen, testen dabei den rumänischen Merlot Jahrgang 2007 für 4 Euro die Flasche und sind sehr angetan.

Montag, 10. September, Zimnicea (RO) - Ruse (BG)

Heute frühstücken wir mal zu viert, mit Christa und Karl-Heinz und trotz frischer Temperaturen draußen auf der Terrasse, denn drinnen wird geraucht. Da werden die EU-Richtlinien wohl noch nicht so ganz konsequent umgesetzt. Während wir heute trotz Gegenwind weiter Richtung Constanta radeln wollen, lassen sich die beiden mit einem Auto nach Bukarest bringen, um der Hauptstadt Rumäniens einen Kurzbesuch abzustatten.

Diesmal finden wir unseren Weg aus der Stadt sofort. Gestern haben wir praktisch nichts von Zimnicea gesehen und auch heute erblicken wir im Vorbeifahren nur ein paar Bauruinen und Reste vom großen Erdbeben, das den Ort 1977 schwer getroffen hat.

Wie gestern säumen Hirten und Herden unseren Weg, die Weinlese ist weiter in vollem Gang und zum ersten Mal kommt uns auf der Landstraße eine ganze Roma-Familie auf drei Pferdewagen entgegen.

Weil der Wind uns so heftig entgegenbläst, machen wir nach noch nicht mal 20 Kilometern die erste Pause in Brigori in einem der typischen kleinen Läden, wo man vom Kochtopf bis zu Keksen alles bekommt und sich an ein, zwei Tischen draußen vor die Tür setzen und Bier, Limo oder auch einen Kaffee trinken kann.

Die Straße macht einen großen Bogen um einen See und in Vedea ruft uns ein junger Mann in gutem Französisch zu, woher wir kommen. Da wir durchaus schon wieder eine Rast brauchen können und er mit zwei älteren Männern dort vor einem Laden-Café sitzt, unterbrechen wir unsere Schleichfahrt für einen Kaffee und unterhalten uns eine Weile. Er kommt aus Vedea, arbeitet aber immer meist in Frankreich, weil die Löhne in Rumänien mit etwa 300 Euro im Monat so niedrig sind und er dort auf dem Bau 1600 bis 1700 Euro im Monat verdienen und von dem Geld etwas sparen kann. Nächste Woche wird er wieder für drei Monate nach Montauban fahren. Er schwärmt von den vielen schönen Orten in Rumänien, vor allem von den Karpaten, von Transsilvanien mit dem Schloss von Graf Dracula und von Siebenbürgen mit seinen mittelalterlichen Orten, die wir unbedingt einmal besuchen sollten, aber dafür müssen wir dann noch einmal wiederkommen. Die beiden anderen fragen uns dazwischen auf Rumänisch aus, wie alt wir sind, ob verheiratet und wie viele Kinder wir haben. Wir verabschieden uns herzlich mit Handschlag und radeln weiter.

Kurz vor Giurgiu machen wir noch ein drittes Mal Pause. Hier kommen wir unserer Gegenwart schon deutlich näher: es gibt Läden, die ein Schaufenster haben und in dem Laden-Café, in dem wir eine Banane zum Kaffee verdrücken, hängen drei Halbwüchsige an Spielautomaten. Auch der Verkehr ist heute deutlich stärker als an den letzten Tagen und es sind viele Lastwagen unterwegs.

Über eine Brücke und an großen Fabrikruinen entlang erreichen wir Giurgiu, wo wir uns in der Nähe des Uhrturms in einem Café niederlassen.

Die Strecke von Zimnicea nach Giurgiu war nicht mehr sehr attraktiv, die Straßen löchrig wie ein Schweizer Käse und deutlich schlechter, als die Tage zuvor, so dass wir überlegen, wie wir die Fahrt nach Constanta am Schwarzen Meer etwas abkürzen können, auch, um dadurch vielleicht einen Tag mehr im Donaudelta verbringen zu können. Eine Überlegung ist, ein Stück mit dem Schiff auf der Donau zu fahren. Regulären Personenschiffsverkehr gibt es nicht, bleibt also nur, privat einen der Skipper anzufragen, die im kleinen, heruntergekommenen Hafen ihre ebensolchen Boote liegen haben. Raimund macht sich auf und klappert die zum Teil abenteuerlichen Anleger ab. Tatsächlich finden sich ein paar Männer, die einen Ponton reparieren. Der jüngste von ihnen spricht englisch und telefoniert alle möglichen Leute an. Es findet sich auch einer, der bereit wäre, uns zum 120 Kilometer donauabwärts liegenden Calarasi zu bringen, aber er will für die 12-stündige Fahrt mit seinem Seelenverkäufer 600 Euro, weil er, wie er beteuert, alleine 300 Liter Diesel braucht. Warum wir denn überhaupt Schiff fahren wollten, der Bus wäre doch viel schneller. Stimmt, aber Schiff wäre eben schöner, wo wir schon mal an der Donau sind. Sie versprechen, sich weiter umzuhören und uns anzurufen. Gemeldet hat sich aber niemand mehr. Die Idee mit dem Bus ist allerdings unpraktisch, weil der über Bukarest fährt, auch wenn diese umständliche Route konkurrenzlos billig ist. Wir kontaktieren am Nachmittag noch ein kleines Reisebüro in Giurgiu und fragen dort, ob man für die Fahrt nach Calarasi einen Kleintransporter mit Fahrer mieten kann. Die sehr gut englisch sprechende Dame von Bluetravel wirkt sehr kompetent und verspricht, sich spätestens am nächsten Tag zu melden. Das ist auch in Ordnung, denn wir haben sowieso vor, einen Ruhetag im gegenüber auf der bulgarischen Donauseite gelegenen Ruse einzulegen. Bis dahin sind es noch ein paar Kilometer und so machen wir uns auf, den Weg aus der Stadt und zur großen Donaubrücke zu suchen. Wir sind noch keine 500 Meter auf dem Rad, da stoppt ungefragt ein Autofahrer neben uns, fragt ob wir nach Ruse wollen und ob wir denn wissen, wie wir dahin kommen. Wir wissen es nicht genau und bekommen prompt eine brauchbare und hilfreiche Wegbeschreibung. Drei Kilometer weiter, wir zweifeln bereits, ob wir überhaupt noch richtig sind, halten wir am Straßenrand an und noch bevor wir überhaupt einen Blick auf die Karte werfen können, ruft uns schon ein Mann aus einem großen Gebäude gegenüber zu: "Bulgaria? This way!"

Die Brücke der Freundschaft, die Rumänien und Bulgarien hier verbindet und für deren Überquerung wir im Gegensatz zu allen anderen Fahrzeugen keine Gebühren bezahlen müssen, ist die einzige zwischen den beiden Ländern. Die noch unfertige neue Brücke zwischen Vidin und Calafat, wo wir für die Überfahrt die Fähre benutzt haben, wird die zweite sein. Auf der Brücke herrscht leichtes Chaos, es geht zu wie auf einer Großbaustelle auf deutschen Autobahnen: auch hier wird die Fahrbahn aufgerissen und der Verkehr läuft stellenweise nur über eine einzige Spur, was zu Staus und Wartezeiten führt, auch für uns. Den vielen genervten Lkw-Fahrern sind wir spürbar ein Dorn im Auge, entsprechend "unsanft" fahren sie an uns heran und an uns vorbei. Entspannt ist diese Überfahrt nicht und zum Fotografieren anhalten geht auch nicht, dafür ist die Aussicht allerdings bestechend. Auf der bulgarischen Seite werden wir mit strengem Blick kontrolliert und fahren dann noch sechs Kilometer auf einer sehr unschönen Industriestraße in Donaunähe, bis wir endlich das Zentrum von Ruse erreichen, wo wir in einem altkommunistischen Klotzhotel absteigen, das von außen grässlich aussieht, von innen aber ganz passabel ist, einen Bombenblick aus dem Zimmer über die Donau gewährt und ein nettes Gartenrestaurant hat, wo wir einen großen Salat, zwei Knoblauchbrote, je ein sehr schmackhaftes, im Tontopf geschmortes und serviertes Hühner- und Schweine-Kavarma-Kebab und ein paar Bier für knapp 6 Euro pro Person bekommen.

Heute fallen wir noch müder als sonst ins große Bett. Scheißwind!

Dienstag, 11. September, Ruse

Am Morgen war es noch sehr bewölkt, aber nach und nach kommt die Sonne raus und es ist wieder ein strahlender Sommertag. Das Frühstück im Hotel ist eher bescheiden und da morgen früh auch noch der Strom abgestellt wird und dort dann gar nichts mehr geht, ziehen wir um in ein kleines, nettes Hotel in der Fußgängerzone. Wir gehen von dort zu Fuß zur Hafenmeisterei an der Donau, wo wir mit einer Frau reden, die perfekt deutsch spricht. Wir fragen nach einer Schiffspassage Richtung Schwarzem Meer, sie schickt uns zur Firma Rubyships, ein paar Meter weiter, die wollen aber von unserem Ansinnen nichts wissen. Ein Stück weiter ist die Bulgarische Binnenschifffahrtsgesellschaft untergebracht. Auch dort fragen wir nach, bekommen eine eher positive Antwort, sollen aber nach der Mittagspause nochmal wiederkommen, dann sei der Chef da. Das tun wir auch, gehen zwischenzeitlich selbst essen auf dem großen Freiheitsplatz, wo man wie in vielen Cafés und Restaurants auf der Reise eine superfeine hausgemachte Limonade braut. In einem Gebäude nebenan tagt überraschend für uns gerade die internationale Limeskonferenz. Zur verabredeten Zeit können wir dann tatsächlich mit der Verantwortlichen Managerin der Binnenschifffahrtsgesellschaft sprechen. Sie wäre grundsätzlich bereit, uns mitzunehmen, aber da sie nur Frachtlizenzen besitzt, die nicht für die Personenbeförderung gelten, scheut sie den Papierkrieg für die nötigen Genehmigungen und Versicherungen. Dann stellt sich heraus, dass die Schiffe wegen des Niedrigwassers der Donau mindestens drei Tage für die Fahrt nach Constanta brauchen. Das wäre ohnehin zu lange für uns. Schade. Klaudia wurde vor vier Tagen von irgendeinem Insekt zweimal unter dem Hemd in den Bauch gebissen, was inzwischen ziemlich übel aussieht. Der Apotheker, den sie wegen einer Salbe fragt, schickt sie direkt zum Arzt und vereinbart gleich telefonisch einen Termin für viertel vor drei am Nachmittag. Wir sind ein bisschen früher da, die Türen der Praxis sind alle verrammelt und an der Tür steht, dass es um 16.00 Uhr wieder weitergeht. Aber pünktlich zur vereinbarten Zeit fahren Arzt und Ärztin im großen Audi vor. Die verordnete Injektion, die Tabletten und die Salbe gegen die heftige allergische Reaktion, wie der Arzt feststellt, muss Klaudia sich in der Apotheke besorgen, wo man ihr beim ersten Mal das Falsche mitgibt.

Während des Restnachmittags schauen wir uns noch das 1978 enthüllte Pantheon der bulgarischen Freiheitskämpfer rund um die Wiedererrichtung des Staates 1878 an, wo die Gebeine von 453 Helden ruhen und die Waffen ausgestellt werden, mit denen man sich damals den Garaus gemacht hat. Alle Erklärungen sind in kyrillischer Schrift, so dass wir wenig verstehen können. Wir drücken uns eine Weile in einem der Cafés herum und essen später draußen zu Abend.

Ruse überrascht uns, es ist eine sehr angenehme Stadt mit einer großen Fußgängerzone, dem großen Freiheitsplatz mit Springbrunnen, mit schönen Häusern, Straßencafés und Restaurants und vielen Bäumen, nicht anders als ein nettes Städtchen in Deutschland. Nur in den Außenbezirken wird es gammeliger, wo viele ehemals schöne Häuser stehen, die dringend renoviert werden müssten, um sie vor dem Verfall zu bewahren.

Wir sind froh, hier einen Ruhetag zu haben, dafür ist Ruse wirklich ein guter Platz nach über 700 Kilometern am Stück mit zum Teil heftigem Gegenwind und wir könnten uns auch gut vorstellen, hier auch noch einen weiteren Tag zu bleiben.

Als wir mit einem Eis zum abends blau leuchtenden Springbrunnen spazieren, treffen wir dort einen „Indianer" aus Ecuador, der mal drei Jahre in Augsburg Musik gemacht hat, seit diesem Jahr mit einer bulgarischen Squaw verheiratet und darum an dieses Land gebunden ist, wo die beiden in verschiedenen Städten herumreisen und Musik-CDs und Federschmuck verkaufen, den er selbst herstellt. Er klagt darüber, wie schwer es sei, zwei-, dreihundert Euro im Monat zu verdienen und wie teuer der Strom ist.

Wir gehen früh schlafen und stellen wieder einmal – wie schon oft auf dieser Reise – fest, auf welcher Insel der Glückseligen wir in Deutschland leben dürfen!

Mittwoch, 12. September, Ruse (BG) - Padurea Chiciu (RO)

Wir frühstücken gemütlich, packen unsere Sachen und statten der Sveta Troitsa, der aus dem Jahr 1632 stammenden ältesten Kirche in Ruse noch einen Besuch ab. Wie alle orthodoxen Kirchen ist auch diese vollständig ausgemalt, allerdings stammen die Wandgemälde und die Fenster sicher nicht aus dem 17. Jahrhundert, die Bilder in der Ikonostase könnten dagegen das Alter haben. Für uns sind diese Kirchen faszinierend, fremd und vertraut zugleich.

Nach einem Kontrollbesuch bei der Ärztin machen wir uns wieder auf in Richtung Giurgiu und Rumänien. Am Stadtrand halten wir in einem Gebiet mit riesigen, ehemals schönen, jetzt aber verfallenden Fabrikhallen vom Anfang des 20. Jahrhunderts, daneben Einfachst-Behausungen armer Leute.

Auf der großen Donaubrücke ist heute deutlich weniger Verkehr als vorgestern und unser Pass wird diesmal auf der rumänischen Seite kontrolliert.

Auf dem Weg ins Zentrum von Giurgiu werden wir an einer Ampel von einem Mann in gebrochenem Deutsch angesprochen. Er erzählt uns, dass er 1990 für drei Jahre als Asylant nach Deutschland kam, dann aber wieder abgeschoben wurde, weil Rumänien ja jetzt eine Demokratie sei. Jetzt arbeite er während des Sommers an der Schwarzmeerküste als Fremdenführer, die Saison sei aber bereits vorbei und den Rest des Jahres lebe er von 30 Euro Sozialhilfe im Monat.

Da wir am Montag kaum etwas von der Stadt gesehen haben, machen wir eine kleine Stadtrundfahrt. Giurgiu ist im Vergleich zu Ruse ein hässliches Entlein. Die Stadt war ein wichtiger Ölverladehafen und wurde im 2. Weltkrieg stark bombardiert, heute sieht man fast nur unansehnliche Plattenbauten und ein paar neuere, nicht weniger hässliche Gebäude zwischendrin.

Eine kleine Kirche fällt uns auf, die aussieht wie eine norwegische Stabkirche. Wir fahren hin, schieben unsere Räder durch das Tor auf ein Krankenhausgelände und stehen inmitten eines kleinen Parks vor der Kirche, wo ein junger Mann und sein Vater seit neun Monaten den Kirchen-Innenraum komplett ausmalen. Der Ältere spricht etwas deutsch und erzählt, er habe drei Jahre in Frankfurt am Main an der Restaurierung von Kirchenmalereien mitgearbeitet. Die beiden erklären uns, dass die kleine orthodoxe Kirche vor sechs Jahren ganz aus Holz im Stil der Maramures-Architektur für die Kranken gebaut wurde. Obwohl die Gerüste noch stehen, werden schon Gottesdienste gefeiert. Der große Kronleuchter und die silberbeschlagenen großen Ikonen kommen aus Klöstern in Griechenland.

Vater und Sohn zeigen uns ihr Werk, sie arbeiten nicht nur mit Pinsel und Farbe, sondern verkleiden den Raum auch mit hauchdünnem Gold- und Silberschlagmetall. In drei Wochen wollen sie fertig sein. Wir staunen sehr über die schöne Arbeit und halten uns eine ganze Zeitlang in der Kirche auf.

In einer Pizzeria essen wir zu Mittag und warten im Café auf den Wagen, der uns, so haben wir das gestern vereinbart, mit unseren Rädern nach Calarasi bringen soll, womit wir uns ein kaum attraktives, hügeliges Stück Straße und 100 Kilometer gegen den immer noch starken, aus Osten wehenden Wind ersparen.

Wir hatten es irgendwie im Gefühl: das Auto, das uns um 14 Uhr am vereinbarten Treffpunkt abholen will, ist viel zu klein für unsere zwei Räder und uns beide, was zu Diskussionen, einigen Telefonaten und am Ende zur Fahrt mit einem richtig großen Mercedes-Bus führt, in den normal 20 Leute passen. Unsere Räder können nur im Gang stehen, hintereinander, und dann ist auch nur noch Platz für uns beide vorne in der ersten Reihe.

Unser netter Fahrer spricht zwar kein Wort Englisch oder Deutsch, bemüht sich aber dennoch, mit uns zu kommunizieren. Er raucht ganz selbstverständlich, telefoniert ab und zu mit dem Handy am linken Ohr, während er mit der Rechten schaltet und lenkt. Auch er bremst für Radfahrer nur, wenn es absolut nicht anders geht. Unterwegs hält er an und kauft am Straßenrand von den Frauen, die dort sitzen und ihre Ernte anbieten je ein Kilo weiße und blaue Trauben und teilt sie mit uns.

Die Fahrt mit dem Bus ist ganz anders als mit dem Fahrrad: alles rauscht an uns vorbei, wir nehmen viel weniger wahr, haben, abgeschottet durch die Scheiben, keinerlei Kontakt zu den Menschen und das Gesehene ist auch schnell wieder vergessen, weil man die Strecke nicht "erlebt" bzw. selbst „erfährt". Trotzdem bereuen wir unsere Entscheidung nicht, denn wir sind immer noch müde. Vielleicht waren es auch einfach zu viele Eindrücke, die in den letzten Wochen auf uns eingestürmt sind.

Wir fahren genau die Strecke, die wir auch mit dem Rad gefahren wären. Die ersten 12 Kilometer sind wie eine Autobahn, 4-spurig ohne Randstreifen, danach wird es recht hügelig, es geht auf und ab, durch eine ganz schöne Landschaft. Der zweite Teil der Fahrt ist eher langweilig, wir kommen durch ein immer mehr entwickeltes Rumänien. Wir sehen nicht mehr so viele Pferdefuhrwerke, dafür mehr Autos und Traktoren, zunehmend auch größere Betriebe und besser aussehende Wohnhäuser. Je weiter wir nach Osten kommen, desto entwickelter erscheint uns das Land.

Kurz vor Calarasi passieren wir immense Fabrik- und Kraftwerksruinen, von denen zum Teil nur noch Betonskelette stehen und nach zweieinhalb Stunden setzt uns der Fahrer im Zentrum der Stadt ab, von wo aus wir noch 11 Kilometer zu einem Hotel direkt an die Donau fahren. Das war unsere bisher längste Etappe und so ist es auch schon halb sieben, als wir dort ankommen.

Zum Abendessen setzen wir uns auf die Terrasse, über der Donau kreisen Vogelschwärme während die Sonne untergeht und weil der Wind immer noch bläst, ist es uns selbst mit Pulli zum ersten Mal zu kühl und wir ziehen nach drinnen um.

Was wir uns als Hauptgang ausgesucht haben, gibt es nicht, also empfiehlt der Ober, was ihm schmeckt: Lammfleischstücke mit Kartoffeln und Gemüse, was deutlich besser klingt als es aussieht. Dafür schmecken die Ardei Copti sehr gut, gebackene Paprika mit Vinaigrette, so wie die Paprikaschoten, die Raimunds Mutter früher einweckte.

Donnerstag, 13. September, Padurea Chiciu - Constanta

Wir machen uns früh auf den Weg und radeln die 11 Kilometer zurück nach Calarasi, wo wir auf eine mäßig befahrene Landstraße Richtung Nordosten und dann nach Norden abzweigen und bei leichtem Gegenwind durch eine fast ununterbrochene Kette von 14 Dörfern rollen. Wir weichen mit dieser Strecke vom Donauradweg ab, weil es auf dem letzten, sehr hügeligen Stück keine vernünftige Übernachtungsmöglichkeit gibt und wir genug von dem Gegenwind haben, der immer noch kräftig aus Osten bläst. Unser Ziel ist Fetesti, eine kleine Stadt, die auf der Bahnstrecke Bukarest – Constanta liegt und von wo aus wir mit einem Regionalzug die restlichen Kilometer ans Schwarze Meer zurücklegen wollen. Außerdem ersparen wir uns so vor Constanta die letzten 15 Kilometer auf einer sechsspurigen Autobahn.

Von der Fahrt gibt es weiter nichts Bemerkenswertes zu berichten, abgesehen von zwei Schäfern, die ihre Herde über die Straße treiben und einem Nonnenkloster direkt an der Straße, dessen auch im Maramures-Stil erbauter Holzkirche wir einen Besuch abstatten. Dahinter wird gerade an einer größeren Kirche gebaut.

Die Orte verändern sich immer mehr, die Menschen grüßen hier viel weniger, lachen nicht mehr, wirken verschlossener, fast deprimiert. Selbst die Hunde sehen traurig aus. Auch Pferdewagen begegnen uns nur noch ganz vereinzelt, vor den Häusern gibt es kaum mehr Bänke und noch weniger Leute, die, wie an den ersten Tagen im westlichen Teil Rumäniens, dort sitzen, allein oder zu zweit und reden oder nur schauen.

Nach 65 Kilometern erreichen wir den Bahnhof und da unser Zug erst um 16 Uhr abfährt, haben wir bis dahin noch drei Stunden Zeit, die wir in einer Snackbar verbringen, in der es Getränke, aber keine Snacks gibt. Gut, dass wir unsere Brote vom Frühstück noch haben. Und auch hier werden wir per Fernseh-Musikvideos im Technoverschnitt dauerbeschallt.

Im Gegensatz zum Schnellzug aus Bukarest, der keine Räder mitnimmt und Verspätung hat, ist unser Zug pünktlich und zuckelt eineinhalb Stunden lang durch viele kleine Orte Richtung Meer. Die Dunarea, ein großer Nebenfluss der Donau, die Donau selbst und den Kanal, auf dem die Schiffe bis nach Constanta fahren, überqueren wir auf alten Eisenbrücken, die nicht sehr vertrauenerweckend aussehen. Die Landschaft ist hügelig, es wächst viel Wein und die Häuser haben vermehrt rote Dächer.

Im Bahnhof von Constanta können wir die Räder über die Gleise schieben und vermeiden so die steilen Treppen, die für Rollstuhlfahrer oder Frauen mit Kinderwagen definitiv nicht zu bewältigen sind.

Unser Hotel liegt zwei Kilometer vom Bahnhof entfernt und hält nicht, was das Internet versprach. Immerhin haben wir ein paar Meter vom Hotel entfernt den ersten Blick von oben auf das Schwarze Meer. Der erste Eindruck von der Stadt ist eher deprimierend, wir sind ziemlich enttäuscht und es will sich keine Hochstimmung einstellen.

Abends essen wir beim verrauchten, rumänischen Italiener und stoßen auf den runden

Geburtstag unseres Freundes Manfred an. Ob wir wie geplant zwei Tage hier bleiben, ist fraglich.

Freitag, 14. September, Constanta

In der Nacht sind wir noch vor dem Einschlafen innerhalb des Hotels umgezogen, weil es in unserem Zimmer müffelt und unter dem Fenster Rallyes gefahren werden. Dank unserer Ohrstöpsel können wir im neuen Zimmer ausschlafen und teilen uns das ganz gute Frühstück mit Rauchern. Die gibt es hier in Massen und die dürfen wirklich absolut überall rauchen. Das sind wir nicht mehr gewohnt!

Nachdem wir gestern Abend beschlossen haben, den morgigen Tag nicht mehr in Constanta zu verbringen und stattdessen mit dem Zug nach Bukarest zu fahren, buchen wir dort ein Hotel und erkunden dann mit dem Fahrrad die 350.000-Einwohner-Stadt. Unser erster Eindruck von gestern bestätigt sich: Constanta ist abgewrackt: verfallende Häuser, viele Ruinen, die Bürgersteige voller Stolperfallen, Menschen liegen auf der Straße und durchsuchen den Müll, überall ist Dreck und Schmutz, die ganze Stadt ist deprimierend und traurig, selbst die vielen herrenlosen Hunde tun uns leid.

Wir besichtigen das 700 qm große römische Mosaik aus dem 3. Jahrhundert, das 1959 entdeckt wurde und die Mahmudia-Moschee, wo wir die 140 Stufen des Minaretts besteigen, um uns Constanta von oben anzusehen mit dem großen Hafen, dem kleinen Yachthafen und dem Schwarzen Meer, das bis an den Horizont reicht.

In der orthodoxen Peter-und-Paul-Kathedrale findet gerade ein Gottesdienst statt, als wir dort vorbeikommen und so wir werfen einen Blick hinein. Vor der Kirche sitzen alte Menschen, die – wenn auch nicht offensiv – betteln. Das tun auch Roma-Kinder, die von einem Wachmann mit Gummiknüppel am Gürtel vertrieben werden, aber lautstark protestieren und mit ihm diskutieren.

Wir fahren zur Promenade, wo das bombastische, 1907 - 1910 im Neobarockstil erbaute Kasino steht, ein Wahrzeichen der Stadt. 1985 wurde es renoviert, steht jetzt leer und verfällt, die Fensterscheiben sind zerbrochen und die Fassade bröckelt – ein sehr trauriges Bild. Davor sitzen ein Geiger und ein Akkordeonspieler, die mit einem Verstärker "ein Schiff wird kommen" und andere melancholische Melodien zum Besten geben: sehr passend. Dort treffen wir ein Ehepaar aus Ulm, die drei Wochen per Mietwagen in Rumänien unterwegs sind und unterhalten uns eine Weile.

Am Ende der Promenade kommen wir zum Yachthafen und finden dort ein nettes Fischrestaurant mit Blick auf den Hafen, die Moschee und die restliche Oberstadt, die so aus der Ferne gar nicht so schlimm aussieht. Wir essen sehr gut zu Mittag: Hamsie, kleine panierte und aufgespießte Schwarzmeerfische mit Knoblauchmayonnaise, scharfer Sauce und Polenta und einen Salat als Vorspeise und ein Stück gegrillten Calcan, ebenfalls ein Schwarzmeerfisch, mit Kartoffel-Pilzpüree als Hauptspeise. Dazu die immer wieder tolle Limonade. Währenddessen ruft der Muezzin vom Minarett, auf dem wir eben noch standen, die Sonne scheint, die Sonnenschirme quietschen im Wind und vor unserem Tisch taucht ein Kormoran nach Fischen. Hier kann man sich direkt mit Constanta versöhnen.

Weil wir Postkarten und eine Landkarte brauchen, machen wir uns später in der Stadt auf die Suche nach der Fußgängerzone. Es dauert ziemlich lange, bis wir die finden, obwohl sie ganz in der Nähe unseres Hotels liegt. Sie ist genauso fertig wie die ganze Stadt und besteht fast nur aus Banken und Handyläden, die sich in den Plattenbauten und verfallenden Häuser abwechseln, dazwischen finden wir aber tatsächlich einen ordentlichen Buchladen.

Zurück im Hotel packen wir unsere Sachen und Raimund fährt zum Bahnhof und kauft die Zugtickets nach Bukarest, da der Zug, den wir morgen nehmen wollen, reservierungspflichtig ist. Der ist aber leider gestrichen, so dass nur die Fahrt um 5 Uhr 20 bleibt.

Zum Trost essen wir noch einmal im Lamal am Hafen zu Abend, wo es uns genauso gut schmeckt wie am Mittag. Es ist immer noch sehr windig, das Meer hat richtige Wellen und ist nicht schwarz, sondern blau und verfärbt sich, als die Sonne untergeht, von orange in grau.

Samstag, 15. September, Bukarest

Um viertel vor fünf stehen wir auf und fahren nüchtern mit dem Taxi zum Bahnhof. Dort steht schon ein Zug auf Gleis 1, der allerdings laut Beschriftung nicht nach Bukarest, sondern nach Brasov fährt. Mehrmaliges Fragen beseitigt die Unsicherheit, wir sitzen im richtigen Schnellzug, der über längere Strecken nur im Schritttempo fährt und so kommen wir mit einer Stunde Verspätung um neun Uhr im Bukarester Nordbahnhof an. Das ist fast wie zu Hause, nur dass sich keiner aufregt. Schon vom Zug aus sehen wir das Haus der Freien Presse. In den fünfziger Jahren im typischen Sowjet-Stil gebaut, hat es alle Presseeinrichtungen der Stadt beherbergt und war bis 2007 das höchste Gebäude Bukarests. Heute ist es Sitz der Börse und der unabhängigen Presse.

Vom Bahnhof nehmen wir ein Taxi zum Hotel. Der Fahrer donnert mit 90 km/h durch die Stadt und mit Vollgas um die Kurven und erzählt, dass sein Sohn in der Schweiz Lkw fährt. Er kennt das Hotel nicht, fragt sich aber durch und sagt am Ende: "No problem, I am a Taxist".

Unser Hotel ist schön. Da unser Zimmer so früh noch nicht fertig ist, frühstücken wir erst einmal gut und laufen anschließend zu Fuß los, um die Hauptstadt zu erkunden. Wir wohnen etwas außerhalb in einem, so unser Eindruck, guten, sauberen Viertel mit schönen, gepflegten Häusern und viel Grün. Ganz in der Nähe ist die große Casin-Kirche, wo gerade ein Gottesdienst stattfindet. Die Menschen haben Brote und andere Lebensmittel mitgebracht, in denen brennende Kerzen stecken.

Über diverse Boulevards laufen wir die knapp sieben Kilometer ins Zentrum. Bukarest macht einen viel besseren Eindruck als erwartet. Wir besichtigen die russische St. Nikolaus-Kirche, die 1903 bis 1909 mit Unterstützung von Zar Nikolaus II erbaut und ausgemalt wurde und deren Engel uns an Klimts Frauen erinnern. Bei einem frisch gepressten Saft machen wir eine Pause auf dem Boulevard General Gheorghe Magheru.

Der Universitätsplatz und der gegenüberliegende Platz des 21. Dezember 1989 haben bei der rumänischen Revolution eine wichtige Rolle gespielt. In der Zentrale der ehemaligen

KP auf dem Universitätsplatz hat Ceausescu seine letzte Rede gehalten und wurde drei Tage nach seinem Sturz durch Iliescu zusammen mit seiner Frau hingerichtet. Hier ließ Iliescu im Mai 1990 auch die Proteste gegen seine Wenderegierung mit Hilfe von Bergarbeitern brutal niederprügeln. Wir merken, dass wir nur erschreckend wenig von diesen Ereignissen wissen, abgesehen davon, dass Rumänien bis zum Fall der Berliner Mauer noch unter dem Terror Ceausescus litt und ein bettelarmes Land war. Was sich seitdem geändert hat, und inwieweit hier heute wirklich demokratische Verhältnisse herrschen, können wir nicht beurteilen.

Abgesehen von den baulichen Sehenswürdigkeiten und den schönen Häusern, deren Obergeschosse in vielen Fällen noch hergerichtet werden müssen, auch wenn unten schon alles schick aussieht, ist die Altstadt von Bukarest eine einzige große Kneipen- und Café-Szene, wo wir kreuz und quer die Straßen erkunden. Viele Bauvorhänge bedecken die Baustellen, wo hoffentlich irgendwann einmal die Gebäudefassaden wieder in altem Glanz erstrahlen. Am besten in der Altstadt gefällt uns die kleine Stavropoleos-Kirche aus dem 18. Jahrhundert, die mit ihrer Ikonostase, mit den bemerkenswerten reichen Holzschnitzereien und den beeindruckenden alten Malereien im ganzen Kirchenraum als die schönste Kirche Bukarests gilt. Dort bleiben wir eine ganze Weile sitzen. Daneben befindet sich ein Innenhof, der wie ein Kreuzgang wirkt, aber wohl der Hof eines ehemaligen Han, eines Gasthauses war und ein sehr idyllischer Platz ist. Wir flanieren durch Passagen und durch das Lipscani-Viertel mit kleinen Läden, u. a. für Künstlerbedarf und besichtigen die Kirche am Alten Fürstenhof, wo eine Hochzeit nach der anderen stattfindet.

Bukarest hat eine wirklich sehenswerte Altstadt, aber heute schaffen wir nichts mehr und so trinken wir am Spätnachmittag noch ein Bier in einem richtig alten, großen Gasthof, der wie ein Karawanserei aussieht: ein burgartiges Carré mit riesigem Innenhof, zwei Galerien und Holzschindeldach. Danach haben wir eigentlich die nötige Bettschwere, doch dafür ist es noch zu früh.

Mit dem Taxi fahren wir zurück ins Hotel, das wir an diesem Abend auch nicht mehr verlassen wollen. Auf der Dachterrasse unseres Hotels gibt es ein Restaurant, wo jedoch eine der samstagsüblichen Hochzeiten stattfindet, so dass wir quasi am Katzentisch auf der kleinen Terrasse im Erdgeschoss zur Straße hin sitzen müssen, aber auch dort sehr gut essen.

Heute sind wir zwar echt geschafft, aber der Ausflug hierher hat sich gelohnt.

Sonntag, 16. September, Bukarest

Heute schlafen wir erst einmal aus und frühstücken gemütlich. Es ist bewölkt aber nicht kalt und als wir das Hotel verlassen, fallen schon die ersten Regentropfen, so dass wir seit langem wieder mal einen Schirm in die Hand nehmen. Zu Fuß marschieren wir zum Arcul de Triumf an eine der Haltestellen des Sightseeing Busses, in den man an 13 verschiedenen Stellen auf seiner Tour durch die Stadt aus- und einsteigen kann. Angeblich fährt der alle 15 Minuten, aber wie sich gleich hier und im Lauf des Tages zeigt, in Wahrheit bestenfalls alle halbe bis dreiviertel Stunde. So stehen wir eine Weile, bis wir die relativ kurze Strecke zu unserem ersten Ziel zu Fuß gehen, was wir auch gleich hätten tun können. Mitten im Herastrau Park, dem, so heißt es, größten Stadtpark Europas, liegt das National Village Museum, ein großes Freilichtmuseum, in den 85 originale und voll eingerichtete Häuser, Ställe, Mühlen, Kirchen und andere bäuerliche Gebäude aus allen Regionen Rumäniens transferiert und dort in einem großen Ensemble zusammengestellt wurden. Man erlebt hautnah, wie die dörfliche Architektur im 18. und 19. Jahrhundert ausgesehen hat. Die Häuser sind klein, manche mit nur einem Zimmer, die höchstens zwei Betten teilten sich bis zu zehn Personen. In jedem Haus steht ein Webstuhl und ein großer weißgekalkter Ofen, überall hängen bunte Decken, nichts Überflüssiges, einfach und doch gemütlich und Ruhe ausstrahlend, ein völlig anderes Leben als das unsere. Dabei sind die Gebäude außen oft verziert mit Schnitzereien und auch die kleinen Holzkirchen beeindrucken uns, soweit sie geöffnet sind.

Sehenswert ist dieses Museum allemal, es wäre großartig, wären nicht viele der Bauten wegen Finanz- und Personalknappheit im Museum einfach geschlossen. Sehr schade! Während unseres Besuchs regnet es eine Weile, so dass wir zum ersten Mal seit Anfang August nass werden und unseren Schirm gut brauchen können.

Als wir das Museum verlassen, kommt tatsächlich einer der auffälligen Doppeldeckerbusse, mit dem wir über die Calea Victoriei, die Straße des Sieges bis zum Platz der Revolution fahren, wo die kleine Kretzescu Kirche steht, schön ausgemalt, innen aber sehr dunkel, so dass man wenig erkennen kann. Gegenüber steht das Reiterstandbild von Carol I, ein Hohenzollern-Fürst, der von 1881 - 1914 der erste König des neuen Staates Rumänien war. Das ehemalige Schloss von Carol II gleich gegenüber beherbergt heute die Nationale Kunstgalerie und auf der anderen Seite steht das von einem französischen Architekten im neoklassizistischen Stil erbaute Athenaeum, heute ein Musiktempel.

Weil kein Bus kommt, gehen wir zu Fuß, zuerst in die Altstadt ins Carul cu Bere, dem selbsternannten besten Gasthaus Bukarests, einem großen Bierhaus von 1875, neugotisch, mit viel Holz, bunten Glasscheiben und einer großen Galerie. Es herrscht ein Rummel wie im Münchner Hofbräuhaus. Die Spezialität ist eine riesige Schweinshaxe auf gebratenem Sauerkraut mit Polenta, sauren Gurken, eingelegtem Paprika, scharfen Peperoni und frisch geriebenem Meerrettich und für zwei gedacht. Dazu gibt es Bier aus der hauseigenen Brauerei. Sehr deftig! Bei uns wäre mindestens noch mal einer satt geworden. Hier kann man ganz sicher nicht jeden Tag herkommen! Wenn man will, gibt es noch lecker aussehende, selbstgebackene frische Brotlaibe, die gerade so in einen Brotkorb passen. Die hätten wir gerne probiert, bestellen aber keinen, weil der Ober uns zu Recht abrät: wir hätten keinen Bissen mehr geschafft.

Mit schweren Bäuchen schleppen wir uns zum grotesk monströsen Palast, den sich Ceausescu von 1984 bis 1989 für 3,5 Milliarden Dollar erbauen ließ. Er gilt nach dem Pentagon als zweitgrößtes Gebäude der Welt und wurde von den Rumänen als „Haus des Sieges über das Volk" bezeichnet. Der ehemalige Diktator hat dafür mehrere Altstadtviertel mit wertvoller alter Bausubstanz abreißen und 40.000 Menschen umsiedeln lassen, von denen sich, so heißt es, viele aus Verzweiflung das Leben genommen haben.

Fünf Jahre lang haben 700 Architekten und 20.000 Arbeiter, von denen viele umgekommen sind, unter härtesten Bedingungen nonstop gearbeitet, um den 450.000 m² großen

Palast mit seinen über 3000 Zimmern zu bauen und mit dem Feinsten auszustatten, was Rumänien zu bieten hat: wertvolle Hölzer, Marmor, Riesenteppiche, Gold, Kristalllüster und Mosaiken. Der Palast steht auf einem künstlichen Hügel und überragt die in verschiedenen Achsen angelegten Boulevards, deren Fahrbahnen von kilometerlangen Wasserspielen geteilt und von Gebäuden im gleichen monströsen Stil gesäumt werden. Ein einziger, unfassbar gigantischer Größenwahn, an dem der Putz bröckelt und stellenweise verrottet.

Auf dem Weg ins Museum für Zeitgenössische Kunst, das versteckt auf der Rückseite des Palastes in riesigen Räumen untergebracht ist, müssen wir einmal fast ganz um das Monstrum herumlaufen. Klaudia macht auf dem Weg Fotos von der Fassade am Ministerium für die Bekämpfung organisierter Kriminalität und prompt steht auch gleich eine „Wachtel" da und schickt uns weg mit dem Hinweis, dass dies hier kein Museum sei.

Nachdem wir den beschrankten und von einem bewaffneten Wachmann gesicherten Zugang auf das Palastgelände erfolgreich passiert haben, sind es nur noch ein paar hundert Meter zum Eingang ins Kunstmuseum. Eintritt müssen wir nicht bezahlen, trotzdem sind außer uns nur zwei junge Frauen in den weitläufigen Räumen. Auf drei Etagen wird unter dem Titel subREAL die Retrospektive eines Künstlertrios gezeigt, das heute nur noch zu zweit arbeitet und auch schon im Künstlerhaus Bethanien in Berlin und im Schloss Solitude in Stuttgart ausgestellt hat. Die Arbeiten befassen sich mit den Umständen des Machtwechsels 1989 und in den Folgejahren, eine ausgesprochen rumänische Thematik. Was wir gesehen haben, hat uns sehr gefallen, auch wenn wir nicht alles ohne weiteres erschließen und nachvollziehen können.

Müde laufen wir mangels Busfahrgelegenheit zurück in die Altstadt und obwohl wir uns vor drei Stunden noch nicht vorstellen konnten, überhaupt jemals wieder etwas zu essen, bleiben wir doch im "Chocolat" hängen, wo es sehr guten Tee und allerfeinste Patisserie gibt, die im Schaufenster einfach unwiderstehlich aussieht. Wir sitzen nicht weit weg von der Bushaltestelle und haben gerade bezahlt, als tatsächlich noch mal ein Bus vorbeikommt, mit dem wir eine große Runde durch die Stadt und dann bis in die Nähe unseres Hotels zum Arcul de Triumf fahren. Der Triumphbogen ist dem in Paris nachempfunden und wurde auch von einem französischen Architekten zu Ehren der gegen Bulgarien siegreichen rumänischen Armee im 1. Weltkrieg erbaut. Ein Stück weiter steht eine Statue von Charles de Gaulle, die, wie viele weitere Zeugnisse in Rumänien, die damals engen Beziehungen des Landes zu Frankreich dokumentiert.

In unserem Hotel ist die Hölle los: im gesamten Erdgeschoss, in der Lobby und im Barbereich tobt ein Kindergeburtstag, der eher an einen Terrorüberfall erinnert und im Dachgeschoss geht wieder eine "private Party" ab, so dass es heute für Hotelgäste überhaupt keinen Platz mehr gibt, wo man sich in Ruhe hinsetzen könnte. Gut, dass das Schwein so lange vorhält und wir ohne Abendessen auskommen, denn hungrig sind wir definitiv nicht, als wir uns in unser Zimmer zurückziehen, wo wir nur mit Ohrstöpseln schlafen können.

Montag, 17. September, Bukarest

Heute ist ein verhältnismäßig ereignisloser Tag. Nach dem Frühstück bleiben wir im Hotel, wo wir unser Reisetagebuch aktualisieren und versuchen, den weiteren Verlauf unserer Reise zu planen, während es draußen regnet.

Bukarest hat uns gut gefallen. Natürlich gibt es auch hier verfallende Häuser und sichtbare Armut, vor allem alte Frauen, die betteln, aber unserem Eindruck nach in Summe auch nicht viel mehr, als in jeder anderen Großstadt.

Unsere Taxifahrt zum Nordbahnhof ist allerdings ein echtes Erlebnis. Der Fahrer ist scheinbar im Nebenjob noch Versicherungsagent, wie eine Visitenkarte neben seinem Taxiausweis zeigt. Als wir einsteigen und versuchen, uns anzuschnallen, winkt er verächtlich ab, das bräuchten wir nicht. Dann geht es – sofern wir nicht im Stau stehen – rasant durch die Stadt, wobei der Mann während der gesamten zwanzigminütigen Fahrt mit dem Handy in der linken Hand telefoniert, wohl ein Versicherungsfall, mit der Rechten ab und zu das Taxi-Funkgerät bedient und sich noch zwischendurch auf seinem Block am Armaturenbrett etwas notiert. Lenken geht prima mit den Knien, zum Schalten muss er aber immer mal wieder etwas weglegen. Ein echtes Multitalent.

Unser Zug wartet schon am Bahnsteig und fährt pünktlich um 14.00 Uhr ab Richtung Constanta. Kaum haben wir die Stadt verlassen, wird das Wetter besser und die Sonne kommt zwischen den Wolken durch. Auf der Zugfahrt kommt eine junge Frau vorbei und packt aus einer Tasche eine ganze Menagerie an chinesischen Billigwaren aus, die sie auf einem freien Sitz neben uns ablegt und dann zum nächsten Platz weitergeht, wo sich alles wiederholt. Irgendwann kommt sie zurück und sammelt die Brocken wieder ein. Das haben wir hier in Rumänien schon öfter so erlebt, auch in Restaurants, aber gesehen, dass jemand etwas gekauft hätte, haben wir nie und wir fragen uns, wie jemand damit und davon leben kann.

Zurück im Hotel in Constanta packen wir unsere Taschen für die morgige Weiterfahrt mit den Rädern Richtung Donaudelta und fahren dann noch einmal zum Hafen, wo wir zuerst den kleinen, alten Genueser Leuchtturm entdecken, eines der Wahrzeichen der Stadt und dann im Lamal schön zu Abend essen: köstliche, mit Schafskäse gefüllte, gebackene Paprika, Muschelsuppe und Schwarzmeerfisch. Wir ziehen es vor, drinnen zu sitzen, denn es ist deutlich kühler geworden, es stürmt, die Wellen schlagen über die Kaimauer und über dem Hafen hängen dicke Wolken, zwischen denen der blaue Abendhimmel durchscheint. Wir haben das Gefühl, dass der Sommer jetzt zu Ende geht, was uns mit Wehmut erfüllt, obwohl wir doch so viel geschwitzt haben.

Ein bisschen bange ist uns vor morgen, denn der starke Wind kommt genau aus der Richtung, in die wir weiter wollen.

Dienstag, 18. September, Constanta - Baia

Nach dem Frühstück fahren wir auf die Post, um noch ein Päckchen für die letzte Material-sendung nach Hause zu erstehen und brechen um halb neun bei 20 Grad und strammem Nordwind auf – Richtung Norden. Eine vierspurige Straße führt uns aus Constanta hinaus. Nach etlichen Kilometern haben wir links von uns den großen See und rechts das Meer, dazwischen die Straße. In Mamaia können wir ein ganzes Stück am Strand entlang fahren. Wie in allen Ferienorten gibt es hier Cafés, Bars, Diskotheken, Restaurants und Hotels, eines am anderen, dazwischen Wasserrutschen und andere Belustigungen für die Kleinen. Doch die Saison ist definitiv vorbei, fast alles hat geschlossen oder ist zusammengeräumt, nur Arbeiter sind damit beschäftigt, das, was noch rumsteht, abzubauen. Die ganze Strand-meile wirkt trostlos, auch, weil, abgesehen von den wenigen Luxushotels, an vielen Stellen der Putz bröckelt und das jetzt natürlich viel mehr auffällt, als wenn hier der Bär tobt. Dann wollten wir allerdings auch nicht hier sein.

Wir genießen aber das Gefühl, am Meer zu sein: der Wind bläst uns heftig ins Gesicht, die Wellen rauschen und das Wasser ist, zumindest an den Füßen, noch ganz angenehm. Wir pausieren kurz in einem der wenigen, noch geöffneten Cafés und fahren danach so lange es geht auf der Strandpromenade. Irgendwann müssen wir zurück auf die vierspu-rige Straße mit dem vielen Verkehr, vorbei an einer großen petrochemischen Anlage, einer Zementfabrik und anderen Industriebetrieben.

Danach verändert sich die Landschaft: sie erweckt einen wüstenartigen Eindruck mit all den braunen, abgeernteten oder schon gepflügten Feldern bis zum Horizont, leicht hüge-lig, zum Teil mit Windrädern bestückt. In einer Senke treibt ein Schäfer seine von einem Esel begleitete Herde vor uns über die Straße, eine lange Staubwolke dabei hinter sich herziehend. Der Schäfer ruft und winkt uns, als wir vorbeifahren. Auch die Dörfer liegen in Senken und wirken wie grüne Oasen in all dem Braun. Mittags sehen wir zum ersten Mal in Rumänien Schüler in ihren Uniformen, offensichtlich hat jetzt auch hier die Schule wieder begonnen. Statt von Hunden werden wir zweimal von Kindern "angegriffen", die sich an Lenker und Satteltaschen hängen und es gibt auch hier immer wieder Leute, die uns winken oder aus dem entgegenkommenden Auto zuhupen.

In Corbu machen wir in einem der kleinen „Magazin Mixt" eine Pause und essen zwi-schen lauter biertrinkenden Männern unsere mitgebrachten Brote und die dort gekauften Bananen und Birnen. Das schon vor 25 Kilometern auf Schildern angekündigte Restaurant in Istria, in dem wir, schon völlig zermürbt vom Wind zu Mittag essen wollten, liegt noch etliche Kilometer weiter östlich bei einer Ausgrabungsstätte am Meer und scheidet damit aus. So kaufen wir uns im Ort in einem Laden süßes und salziges Gebäck und einen Kaffee aus dem Automaten und sitzen gegenüber der zu dieser Uhrzeit noch geschlossenen Bar Ecstacy – das könnten wir jetzt eigentlich ganz gut gebrauchen – im Vorraum des Ladens, wo auf einem Tisch mit einer geblümten Wachstuchtischdecke ein Fernseher läuft, der ausnahmsweise mal keinen Techno-Pop, sondern rumänische Folklore von entsprechend gekleideten Sängerinnen und Sängern zum Besten gibt.

Der Fahrer eines der hier die Dörfer abfahrenden Minibusses parkt neben uns und dreht drei Runden um unsere Fahrräder, begutachtet alles ganz genau und äußert sein Gefallen. Er fragt, ob das deutsche Räder seien, wo sie und wir herkämen, ob wir auch ein Auto hätten und wo das stünde und ist sehr verwundert, als er erfährt, dass wir von Warschau mit dem Rad hierher gefahren sind und dass unser Auto in Stuttgart steht. Er will wissen, wo wir schlafen, wie weit wir heute noch fahren wollen und schreibt uns die Kilometer bis dahin auf. Als wir klagen, wir seien müde vom Wind, meint er nur: "piano, piano". Ein richtig nettes Gespräch und das alles, ohne dass wir rumänisch oder er deutsch oder englisch spricht, nur mit Hilfe einiger italienischer Brocken!

In einem Material-Constructi-Laden erstehen wir schon mal eine große Folie samt Klebeband zur Verpackung unserer Räder für die Rückreise, auch wenn es immer noch nicht klar ist, wann und von wo wir wie zurück nach Stuttgart kommen.

Auf der Weiterfahrt begegnet uns ein Pferdewagen, der mit Erde vollgeladen ist, auf der ein mit dem Handy telefonierender Beifahrer liegt.

Danach haben wir vier Kilometer mal keinen Gegensturm, aber die letzten acht bläst er uns dafür wieder mit voller Kraft ins Gesicht, so dass wir froh sind, als wir nach 73 Kilometern das einzige Hotel in Baia erreichen. Das hat sogar einen Pool, aber dafür ist es uns zu kalt, man kann jetzt auch schon am Spätnachmittag einen Pulli brauchen. Ansonsten macht das Etablissement eher den Eindruck eines Geisterhotels: wir scheinen die einzigen Gäste zu sein, das Personal weiß nicht so recht, was es mit uns anfangen soll und das Restaurant besteht aus genau zwei Tischen. Aber immerhin gibt es etwas zu essen!

Als wir mit unserem Abendessen fertig sind, versammelt sich das gesamte mini-berockte weibliche Personal vor der Großbildglotze und schaut eine ausländische Soap mit rumänischen Untertiteln, weswegen auch niemand etwas dagegen hat, den Ton leiser zu drehen, auch nicht der Herr mit Bauchgurt und großer Taschenlampe, der sich später noch zu den Damen gesellt.

Mittwoch, 19. September, Baia - Uzlina

Endlich einmal wieder eine Nacht ohne Ohrstöpsel, aber morgens lärmen die Tauben dermaßen vor unserem Fenster, dass wir keinen Wecker brauchen. Frühstück gibt es von der Karte, wir können wählen zwischen diversen Eierspeisen oder Hähnchenleber. Wir verweigern und bekommen stattdessen einen Schinken- und Käseteller mit Gurken, Butter, Marmelade und Honig samt frischgetoastetem Brot. Das ist in Ordnung.

Als wir unsere Räder bepacken, fängt es an leicht zu regnen, davon war im Wetterbericht eigentlich nicht die Rede. Aber es ist warm und so lassen wir uns nicht abhalten. In Baia, von dem wir noch gar nichts gesehen haben, weil das Hotel gleich am Ortseingang liegt, decken wir uns mit Wasser ein. Am Ortsausgang passieren wir einige riesige Gebäuderuinen, die Überreste einer Kolchose und fahren wie am Vortag wieder auf der Europastraße. Es geht ziemlich viel bergauf, was unsere gestern stark strapazierten Beinen in die Nähe der Meuterei bringt. Wir erklimmen einen veritablen "Berg" mit anschließender Abfahrt nach Babadag, wo es eine große Moschee und ein orientalisches Museum gibt. Das alles lassen wir aber links liegen, stoppen nur kurz an einem kleinen Markt, wo zwei Frauen ihr Gemüse verkaufen und schon geht es wieder bergauf. Es ist schwer buckelig mit bewaldeten Hügeln, was man eigentlich nicht erwartet, wenn man durch ein Flussdelta fährt.

Aber immerhin ist der Wind heute gnädiger.

Die Felder hier sind klein, es wächst viel Wein und alles wirkt wieder dörflicher, dazu begegnen uns auch wieder mehr Pferdewagen. Schilder weisen zu den allerdings eher neueren Klöstern, auch eine Menge Kirchen werden neu gebaut.

Vor Enisala sehen wir zum ersten Mal eine Wasser-Schilflandschaft mit vielen Gänsen.

Im Ort machen wir eine Pause auf einer von pink und lila blühenden Winden umrankten Terrasse, während Pferdewagen vorbeifahren, die Gänse schnattern und aus der Bar rumänische Musik ertönt, die sich ein bisschen türkisch anhört.

Enisala und der Nachbarort Sarichioi sind schöne Dörfer mit bunten Blumenrabatten am Straßenrand. In Enisala steht ein blaues Haus mit neuem Reetdach und Firstreiter, das so auch in Kampen auf Sylt stehen könnte. Hinter dem Ort sehen wir auf einem Hügel die Ruinen einer römischen Festungsanlage. Zwischen den beiden Orten fahren wir durch ein Schilfmeer, unterbrochen von Wasserflächen mit weißen Reihern und begleitet vom Tschilpen der Vögel in den Pappeln und auf den Strommasten. Die Straße ist ganz neu, wird teilweise gerade frisch geteert und wir fahren an großen Feldern mit Kohl, Paprika und Zwiebeln vorbei. Die Zwiebeln werden direkt auf dem Feld in Säcke verpackt und tonnenweise auf bereitstehende große Lkw verladen. Feld- und Straßenarbeiter machen am Straßenrand Mittagspause und auch wir halten in Agighiol noch einmal in einer Bar an.

Ab da verlassen wir die Straße nach Tulcea und haben das Gefühl, wieder etwas in die alte Welt einzutauchen. Die Häuser in den Dörfern haben häufiger Reetdächer, früher waren all die grauen gewellten Eternit- und die glatten Blechdächer sicher auch mal reetgedeckt. In den Höfen hängen die Pergolen voller Wein und Flaschenkürbisse, überall stehen Quittenbäume voller Früchte. Vor Murighiol könnte man meinen, wir kämen gleich ans Ende der Welt. Der Ort scheint jedoch recht groß zu sein, wir können das aber nicht weiter inspizieren, sondern biegen direkt wieder ab und fahren zum Cormoran-Parkplatz etwas außerhalb, wo wir von einem Motorboot bzw. dessen Fahrer erwartet werden. Wir verladen die Räder und unser Gepäck auf das kleine Schiff, das damit schon ziemlich voll ist und werden dann ein ganzes Stück ins Delta bis zur Anastasia I gefahren, die direkt gegenüber dem ganz von Wasser umschlossenen Ort Uzlina liegt. Auf dem kleinen, einfachen Hotelschiff wollen wir die nächsten beiden Tage bleiben, um das Delta-Biosphärengebiet und UNESCO-Weltkulturerbe mit seinen über 300 Vogelarten zu erkunden, soweit die noch nicht in den Süden verzogen sind.

Abends checkt eine Gruppe Japaner ein und es wird voll auf der Anastasia. Die neuen Gäste werden von einem jungen rumänischen Reiseleiter begleitet, der fließend japanisch spricht. Gelernt hat er das, weil er als Diplomatenkind in Japan aufwuchs. Mit ihm unterhalten wir uns eine Weile über japanische Touristen, die für ihn zu den angenehmsten, diszipliniertesten und ausdauerndsten überhaupt gehören. Er erzählt, dass das Bildungssystem in Rumänien marode sei, dass Lehrer zu den am schlechtesten bezahlten Kräften im Land gehören und daher kaum motiviert seien, den Kindern etwas beizubringen, was dazu führt, dass im letzten Jahr wohl nicht einmal 20% der Schulabgänger die Hochschulreife erreichte. Der Übergang vom Kommunismus zu einer funktionierenden Gesellschaftsordnung dauert, wie er meint, deshalb bestimmt noch einmal 20 Jahre.

Christian, der Besitzer des schwimmenden Hotels, erzählt uns, dass, seit die Vogelgrippe

2005 hier "gehypt" wurde, die Gäste ausbleiben und die Geschäfte aus verschiedenen Gründen schlecht gehen: Rumänien wirbt nach seinen Worten nicht offensiv für dieses UNESCO Biosphären-Reservat, viele Fischer bleiben aus, weil es zu wenig Fisch gibt, eine Folge des Niedrigwassers, das zu überhöhten Wassertemperaturen führt, was wiederum schlecht ist für den Fischnachwuchs. Dazu kommt, dass man sich heute, im Gegensatz zu den Zeiten Ceausescus, zu wenig um die Pflege und den Erhalt der kleinen Kanäle kümmert, weswegen viele davon verschlammen und verlanden. Damit fehlt in den kleinen Delta-Armen Wasser, das vermehrt die drei Donau-Hauptarme hinunterfließt. Christian ist ein interessanter Mensch: er ist Geologe, liebt die faszinierende Natur im Delta und das, was er hier tut, während seine Familie in Bukarest lebt, wo seine Frau als Schauspielerin arbeitet. Beim Abendessen laden die Japaner uns zu einer mitgebrachten Miso-Tütensuppe ein, die im Pappbecher und mit Einwegstäbchen serviert wird und zum Schluss gibt es noch einen selbstgebrannten Schnaps von Christian.

Donnerstag, 20. September, Uzlina

Wir frühstücken, als die Japaner zu ihrer vierstündigen Bootstour aufbrechen, dann fahren wir mit Serban, der uns gestern in Murighiol abgeholt hat, auch los auf Delta-Entdeckung in einem kleinen Motorboot. Es ist ein perfekter und sonniger Tag, vormittags allerdings noch sehr frisch, so dass wir im Boot alles anziehen, was wir dabei haben, einschließlich der Regenhose, die auch den Wind abhält.

Die Wasserlandschaft, für uns ein einziges großes Labyrinth, ist fantastisch. Vom breiten Sfantu-Gheorge-Arm, an dem unser schwimmendes Domizil liegt, fährt Serban uns in kleine Kanäle, manche so eng, dass unser Boot gerade so durchpasst und wir das Schilf beiseiteschieben müssen und in große Seen, in denen Wasser und Himmel ineinander übergehen, vorbei an Schilfwänden, Weiden, Seerosenteppichen, schwimmenden Inseln und Vögeln. Obwohl zu dieser Jahreszeit nicht mehr so viele da sind, gibt es dennoch eine Menge zu sehen: verschiedene Möwen, Seeschwalben, Graureiher und große weiße Silberreiher, die vor unserem Boot immer wieder ein Stück davon fliegen, Seidenreiher und Nachtreiher, die am Ufer stehen und auf Fische warten, Eisvögel, die dicht über die Wasseroberfläche flitzen oder in der Luft stehen, wie Kolibris ganz schnell mit den Flügeln schlagen, um sich dann kopfüber ins Wasser zu stürzen und mit einem kleinen Fisch im Schnabel wieder aufzutauchen. Ein Adler kreist hoch oben über uns, Enten und Kormorane und Schwäne kreuzen unseren Weg. Eine Blesshuhn-Kolonie gerät in Aufruhr: die Tiere laufen lange schnell übers Wasser und über die Seerosenblätter, bevor sie dann endlich ihr "Fahrgestell" einziehen und abheben. Der Höhepunkt aber sind die Pelikane, von denen erst einzelne Exemplare im Wasser schwimmen oder vorbeifliegen und dann sicher zweihundert in mehr oder weniger geordneten Formationen am Lacul Onofrai über uns kreisen. Ein tolles Spektakel, wahrscheinlich die Vorbereitung für die bevorstehende Reise ins Winterquartier nach Ägypten.

Außer den Vögeln sehen wir auch noch anderes Getier: Frösche und Wasserschlangen und springende Fische auf der Flucht vor hungrigen größeren Artgenossen. Viele stellen den

Fischen hier nach, es gibt jede Menge Hobby- oder Freizeitangler und überall sieht man die ausgebrachten Reusen der hier lebenden Fischer, wobei diese angeblich an dem Wackeln der Stangen, die die Reusen halten, erkennen, welche Sorte Fisch sich darin verfangen hat. Um seine Lizenz verlängert zu bekommen, muss jeder hauptberufliche Fischer die Quote von mindestens 2500 kg im Jahr erfüllen. Für das Kilo Fisch, den sie an Sammelstellen verkaufen, von wo aus dieser weiter in die Städte transportiert wird, bekommen die Fischer nicht einmal einen Euro.

Viele Wachtürme im Delta, die heute als Vogelbeobachtungstürme genutzt werden, erinnern an die Zeit der Diktatur, als Ceausescus Polizei dort auf Schmuggler Jagd machte, während der Diktator selbst Wildschweine jagte und in einem reetgedeckten Sommerhaus wohnte, an dem wir vorbeikommen. Wenn er anreiste, so erzählt uns Serban, der die Zeit selbst erlebt hat und mit aktiv war bei der Revolution, trieb die Polizei Stunden vorher die Leute hinaus an die Ufer des Kanals, um ihn mit Fähnchen und Hochrufen zu begrüßen.

Sieben Stunden sind wir unterwegs, bis wir wieder bei der Anastasia einlaufen nach einem richtig schönen, fast zeitlosen Tag. Die Japaner sind schon abgereist, so dass wir allein sind auf dem Schiff und noch eine Weile auf dem Deck in der Sonne sitzen, bis es uns zu kühl wird.

Abends gibt es ein Fischmenu und statt der sonst üblichen Musikvideos das Fußballspiel Stuttgart gegen Bukarest.

Freitag, 21. September, Uzlina

Eigentlich wollten wir heute nochmal eine Bootstour durch die versteckten Kanäle und Seen des Deltas machen, aber dafür ist das Wetter zu schlecht. Es hat die halbe Nacht geregnet, ist völlig bewölkt und kalt und während wir spät frühstücken, regnet es immer noch leicht.

Mit Christian, dem Betreiber des Boots, auf dem wir wohnen und das wir seit gestern Abend mit drei Fischern teilen, die wir allerdings noch nicht zu Gesicht bekommen haben, machen wir ab, dass wir einen Tag länger bleiben, unseren Ausflug um einen Tag verschieben und heute die Zeit nutzen, um endgültig festzulegen, wie wir weiter- und vor allem heimreisen und dafür die nötigen Buchungen vornehmen. Dafür bringt Christian uns mit dem Motorboot an das dem Schiff gegenüberliegende Ufer zu einem Hotel, wo wir einen stabilen Internetzugang haben und dazu noch einen richtig guten Kaffee bekommen.

Die Ursache für die Unsicherheit liegt etwas zurück und ist eine eigene kleine Geschichte: wir hatten ja zunächst geplant, die bulgarische Schwarzmeerküste entlang Richtung Süden nach Istanbul zu radeln, aber diese Strecke verläuft über mehrere hundert Kilometer auf stark befahrenen Europastraßen, auf denen wir weder fahren dürfen, noch haben wir Lust dazu.

Schon vor Beginn unserer Reise war unsere Idee, von irgendwo am Schwarzen Meer mit dem Schiff nach Istanbul zu fahren, aber alle Schiffsverbindungen, auch wenn sie auf Landkarten eingezeichnet und auf veralteten Webseiten noch im Internet zu finden sind, wurden in den letzten Jahren eingestellt. Lediglich von Odessa in der Ukraine gibt es angeblich eine Fährverbindung nach Istanbul, aber auch darüber findet sich keine verlässliche Information. Von einer Reederei in Odessa, die auf ihrer Webseite den Transport von Lkw auf dieser Strecke anbietet und die wir angeschrieben haben, gab es auch keine Antwort.

Christa und Karl-Heinz, die beiden Hamburger Radler, erzählten uns, als wir sie das erste Mal Anfang September trafen, sie seien sicher, dass es die besagte Fähre wirklich gibt. Beim erneuten Absuchen verschiedener Webseiten stießen wir auf Dreizackreisen in Berlin, spezialisiert auf Osteuropa, die uns flott und unkompliziert die Schiffspassage zum Wunschtermin buchten und dafür auch unsere Passkopien an die Reederei in der Ukraine weiterleiteten, worauf wir unsere Reiseroute und unsere Zeitplanung entsprechend ausgerichtet haben. Vor einigen Tagen kam dann zuerst die überraschende Nachricht, das Schiff dürfe vorrübergehend nicht in Istanbul einlaufen, wegen irgendwelcher fehlender Genehmigungen und kurz darauf das definitive Aus der Verbindung bis mindestens Ende Oktober.

Wir haben daraufhin tagelang versucht, einen Weg zu finden, wie wir einigermaßen sicherstellen können, dass stattdessen die ukrainische Staatsbahn uns und unsere als Gepäckstücke "getarnten" Räder von Odessa nach Kiew und von dort mit dem durchgehenden Nachtzug nach Berlin transportiert, der am 30.9. dieses Jahr zum letzten Mal fährt und danach eingestellt wird. Letztlich sind wir an den restriktiven Vorschriften gescheitert, von denen man zwar nicht weiß, ob deren Einhaltung tatsächlich eingefordert würde, aber das Risiko, in Odessa oder schlimmer noch, in Kiew mit verpackten Rädern am Bahnsteig stehen zu bleiben, war uns letztlich zu groß. Auch die Züge auf der alternativen Verbindung von Bukarest über Budapest nach München nehmen keine Räder mit, so dass wir uns schweren Herzens für eine Rückreise mit dem Flugzeug entscheiden. Aber auch das ist, zumindest von Odessa aus, nicht zu machen: keiner der so kurzfristig noch buchbaren Flüge nach Deutschland ist in der Lage, Fahrräder mitzunehmen, weil es durchweg Umsteigeflüge sind mit dem ersten Flug ab Odessa als Zubringer mit kleinen Fliegern, die kein Sperrgepäck transportieren können.

Schlussendlich bleibt uns nur die Reise zurück nach Bukarest, von wo aus wir einen Flieger nach München buchen können. Damit sind die vielen Planungen und Überlegungen hinfällig, die wir angestellt haben, um irgendwie ohne Flugzeug ans Ziel bzw. wieder nach Hause zu kommen.

Einerseits bedauern wir dies sehr, denn wir wären auf dieser zweiten Etappe unserer Europaumrundung schon gern nach Istanbul oder wenigstens bis nach Odessa gekommen, aber wir können und wollen es nicht erzwingen. So wird unsere Reise wohl in wenigen Tagen hier im Donau-Delta am Schwarzen Meer vorläufig enden.

Nach dem späten Mittagessen auf dem Boot – es gibt eine heiße Suppe mit Wildscheineinlage und einen perfekt gebratenen ganzen Fisch, einen Carasse – bringt uns einer der Männer mit dem Motorboot an Land, wo wir zur Post wollen, ein letztes Päckchen aufgeben und Briefmarken kaufen, außerdem brauchen wir einen 15er Gabelschlüssel, um damit die Pedale an unseren Rädern abzumontieren. Die Post hat geschlossen, obwohl sie offen sein sollte und der Werkzeugladen hat die gesuchte Schlüsselweite nicht. Also fährt Silvio uns in das zehn Kilometer entfernte Mahmudia, wo es zwar keinen Werkzeugladen gibt, aber eine Post, die laut Schild zwischen 16 und 17 Uhr heute noch mal öffnet. Wir sind etwas zu früh dran, warten dann aber doch fast eine halbe Stunde in der Kälte, bis um viertel nach vier endlich eine Frau aufschließt, hinter ihren Schalter schlüpft und uns erklärt, dass sie, weil sie keinen Computer hat, nicht ausrechnen kann, was die Sendung ins ferne Deutschland kostet. Dafür müssten wir in die Stadt. So machen wir uns unverrichteter Dinge wieder auf den Rückweg zum Schiff, wo später am Abend noch mehr Fischer und ein gutes Abendessen auf uns warten.

Im Verlauf des Abends erfahren wir, dass die Männer aus Bukarest kommen, dort Familie haben und hier das Wochenende verbringen, um Karpfen zu fischen, eine reine Männersache in verschworener Gemeinschaft. Es entspinnt sich eine längere, für uns hochinteressante Diskussion um den Bestand des Deltas, die Situation in Rumänien und die Zukunft Europas. Einhellige Meinung ist, dass es immer weniger Fisch in den Gewässern hier gibt, eine Folge der Überfischung und insbesondere der rücksichtslosen Methoden mancher Fischer, die zum Beispiel im letzten Jahr mit dem niedrigen Wasserstand vier bis fünf Generationen "weggefischt" haben und zum Teil mit Strom fischen, der die größeren Fische betäubt und an die Oberfläche treibt, die kleineren tötet und die mittleren, die überleben, für mindestens fünf Jahre fortpflanzungsunfähig macht. Diese Technik ist verboten, aber von den wenigen, die gefasst und vor Gericht gestellt wurden, sei noch kein einziger verurteilt worden. Alle am Tisch glauben, dass es in ein paar Jahren nicht mehr viel geben wird, was man fischen könnte, womit auch die vielen Vögel, die ausnahmslos vom Fisch leben – allein die Tausende von Pelikanen mit ihrem Körpergewicht von bis zu 13 kg fressen am Tag mehrere Tonnen Fisch – als Folge davon ausbleiben oder verschwinden werden. Damit wird nicht nur die Zukunft der Betriebe hier im Delta zerstört, die vom Tourismus, vor allem von den fischbegeisterten Sportanglern leben, sondern auch ein einzigartiges Naturparadies.

Einer der Angler, er arbeitet bei einer großen internationalen Wirtschaftsprüfungsfirma, erzählt, dass wer immer es sich leisten kann, seine Kinder auf Privatschulen schickt, weil die öffentlichen Schulen nichts taugen. Früher, unter Ceausescu, seien Lehrer im Verhältnis sehr gut bezahlt worden, heute ist das Gegenteil der Fall. Rumänien mache, wie viele andere Staaten auch, zu viele Schulden und investiere das Geld falsch, zum Beispiel nicht in Bildung und er ist sicher, dass es im Dezember bei der anstehenden Wahl einen Regierungswechsel geben wird und dass danach noch mehr Schulden gemacht und nutzlos ausgegeben werden. Angst haben sie davor, wieder eine sozialistische Regierung zu bekommen, dass die Zustände sich weiter verschlechtern und dass als Folge davon radikale, undemokratische Kräfte an die Macht kommen könnten, wie das in anderen Ländern Europas in den letzten Jahren passiert ist. Ceausescus Schatten ist immer noch zu spüren. Dass es jemals zu einer echten Vergemeinschaftung in Europa kommen wird, zu einer fairen Transferunion mit funktionierenden Finanzkontrollmechanismen, das glaubt keiner hier.

Samstag, 22. September, Uzlina

Es regnet die ganze Nacht und morgens auch. Christian verschiebt unsere Bootstour von neun auf zehn und dann auf halb elf. Wir sind uns gar nicht sicher, ob wir überhaupt fahren sollen und wollen. Aber dann steht Christian gestiefelt und dick eingepackt in der Tür und bläst zum Aufbruch. Also ziehen wir so viel an, wie wir haben und können, als letzte Schicht unsere Regenjacken und -hosen. Gescheite Schuhe, geschweige denn Gummistiefel haben wir nicht. Christian sucht das Schiff ab, aber die Gummistiefel hat er schon den Anglern aus Bukarest zur Verfügung gestellt. Für Raimund findet sich ein Paar Wanderschuhe und Klaudia kriegt eine komplette Fischerhose aus Neopren mit Stiefeln dran, die mindestens Größe 45 haben, dafür aber schön warm und dicht halten.

Es ist vollkommen bewölkt, kalt und windig, aber es regnet nicht mehr, als wir losfahren und eigentlich ist es gar nicht so schlecht, bei diesem Wetter unterwegs zu sein. Am Anfang sehen wir mehr Angler als Vögel, nur ein Eisvogel lässt sich blicken und ein paar Möwen, Krähen und Elstern. Das ändert sich, als wir zum Uzlina-See kommen. Dort sind jede Menge Pelikane, die von einer Seite auf die andere fliegen und im Verbund mit Kormoranen auf Fischfang gehen: die Pelikane treiben die Fische mit ihren Flügeln zusammen und die Kormorane profitieren. Es ist ein tolles Schauspiel, auch wenn wir wegen des Niedrigwassers in einigem Abstand bleiben müssen.

Auf der Weiterfahrt sehen wir die Betongerippe der großen Fabrik, die Ceausescu zum Abbau von Mineralien mitten im Delta bauen wollte, die aber glücklicherweise nie in Betrieb ging und an einem der großen Seen eine Ferienanlage aus dieser Zeit, gedacht für die Jugend, aber in erster Linie genutzt von der Politprominenz.

Durch kleine, verwunschene Kanäle geht es, wir sehen einen großen Purpurreiher mit einem Frosch im Schnabel und viele Silber-, Seiden- und Graureiher. Auch ein Seeadler, gut erkennbar an seinem weißen Schwanz, fliegt nicht weit von uns vorbei und lässt sich in einer der Weiden nieder.

Auf dem Sfantu-Gheorge-Kanal, dem südlichen der drei Donauarme, fahren wir zum gleichnamigen Ort, wo dieser Teil der Donau ins Schwarze Meer mündet.

Damit sind wir am Ende der Donau angekommen, wir sehen die Meereswellen und wie sich Fluss- und Salzwasser an den unterschiedlichen Farben erkennbar mischen.

Im Ort gehen wir an Land und trinken in der Pension Delta Marina eine heiße Schokolade mit Espresso, um uns aufzuwärmen. Ansonsten sehen wir nicht viel, Klaudia kann mit ihren Bigfoot-Stiefeln nicht richtig laufen, Sfantu Gheorge, eine Mischung aus reetgedeckten Ferienhäusern und heruntergekommenen Plattenbauten wirkt ausgestorben.

Als wir von der Kaimauer wieder ins Boot steigen und Raimund Klaudia mit ihren klobigen Stiefeln dabei hilft, erwischt irgendetwas seine neue, teure Gleitsichtbrille und stößt sie ihm von der Nase ins Wasser, was erst mal zu Schockstarre führt. Dann macht sich Christian auf die Suche nach einem Kescher, was gar nicht so einfach ist. Schließlich findet er jemanden, der uns einen ausleiht und wir versuchen bestimmt eine halbe Stunde in dem 1,70 m tiefen Wasser nach der Brille zu fischen, aber alles umsonst. So machen wir uns auf die Rückfahrt, den Wind im Gesicht und traurig über den Verlust. Wenigstens kommt noch die Sonne zum Vorschein und beschert uns einen schönen Sonnenuntergang. Die vielen Angler, die in Unterständen campieren, machen Feuer und wie wir tagsüber

gesehen haben, lassen viele auch einfach ihren Müll liegen, wenn sie gehen.
Bis wir wieder auf der Anastasia sind, ist es fast dunkel. Unter der heißen Dusche und bei einer guten und ebenfalls heißen Suppe mit Hecht-Klößchen tauen wir langsam wieder auf. Abgesehen von dem Brillen-Desaster war es ein schöner Tag.

Sonntag, 23. September, Uzlina - Somova

Christian ist mit den Anglern längst aufgebrochen, um auch heute wieder den wilden Karpfen nachzustellen, die sich nicht so recht fangen lassen wollen. Von ihm haben wir uns schon gestern Abend verabschiedet und nach dem Frühstück verabschieden wir uns auch herzlich von Serban, der auf der Anastasia die Stellung hält. Es fällt uns schwer zu gehen, denn die drei Tage auf dem schwimmenden Hotel waren, auch wenn es keinerlei Luxus gab, etwas ganz Besonderes.

Von Sando werden wir samt Rädern und Gepäck mit einem geräumigen Motorboot zurück an Land gebracht. Trotz strahlender Sonne und obwohl das Boot langsam fährt, wird uns auf der knapp halbstündigen Fahrt kalt und wir sind froh, dass wir unsere Regenklamotten draußen gelassen haben, denn die schützen uns vor dem Fahrtwind. Zurück am Cormoran Parkplatz hängen wir die Taschen an die Räder und machen uns auf den Weg. Heute ist unsere letzte "richtige" Radetappe auf dieser Reise, auch das erfüllt uns mit Wehmut.

Die Strecke nach Tulcea hat ein Profil wie Wellblech: es geht ständig bergauf und bergab, nicht sehr hoch, immer nur 70, 80 Meter und wieder runter auf zehn, manchmal nur fünf Höhenmeter, die sich auf dem nur 45 Kilometer langen Stück aber summieren. Die ersten zehn Kilometer bis Mahmudia kennen wir schon von unserer vorgestrigen Autofahrt: die Pappeln neben der Straße haben kaum noch Blätter, Kastanien- und Walnussbäume, von denen auch viele am Weg stehen, lassen schon seit einiger Zeit ihre Nüsse fallen, alles leuchtet im warmen Herbstlicht und immer wieder geben die Hügel den Blick frei auf den Sfantu Gheorge Kanal, auf dem wir die Donau gestern mit Christian bis ans Schwarze Meer begleitet haben. Die Landschaft ist bis zu den mit Windrädern bestandenen Hügeln am Horizont gänzlich braun, teilweise bereits umgepflügt, auf manchen Feldern steht noch das Maisstroh, auf anderen ist es schon geschnitten, gebündelt und in Garben zeltartig zusammengestellt. Die grünen Dörfer dazwischen wirken wie Oasen und vieles erinnert uns wieder an Ägypten und die Landschaft am Nil, vor allem, als wir von einer Anhöhe etwa zehn Kilometer vor Tulcea auf den mittleren und kürzesten Donauarm blicken, der hier abzweigt und bei Sulina ins Meer mündet. Entlang des mit Bäumen bestandenen Kanals ist alles grün, drumherum alles braun. Auch abseits der Wasserstraßen und Feuchtgebiete ist die Landschaft hier im Delta bemerkenswert und ganz anders, als wir uns das vorgestellt haben. Wir sehen noch einmal ein großes buntes Bienenhotel und in den Dörfern leuchten die Maiskolben gelb in ihren Verschlägen.

Gegen Mittag erreichen wir Tulcea, wo wir uns erst auf einer langen, steilen Kopfsteinpflasterstraße durch ein Roma-Wohnviertel über einen Hügel quälen und uns schon fragen, ob wir das Schild "Centru" falsch interpretiert haben, als wir unvermittelt vor einem großen, mit "Kilometer 0" bezeichneten Stein stehen, der das Stadtzentrum markiert.

Von dort sind es nur ein paar Meter zum Hafen, der voller Schiffe liegt, bestimmt 30 bis 40 größere und kleinere Ausflugsdampfer, die Fahrten ins Donaudelta anbieten. Daran haben wir weniger Interesse, das hatten wir bereits, aber essen würden wir schon ganz gerne etwas. Damit sieht es deutlich schlechter aus: ein einziges Restaurant ist geöffnet, in dem es im Wesentlichen überdimensionierte Grillplatten mit in alle gängigen Sprachen übersetzten touristischen Phantasienamen gibt, so wie "Gesetzlosen-Platte für 2", die alles aufbietet, was es hier an schlachtbaren Tieren gibt. Wir verzichten, auch auf den schönen Blick über den Hafen und den Platz in der Sonne und finden nach einigem Suchen etwas weiter in der Stadt eine Restaurant-Bar, wo wir zwar im Schatten sitzen, aber immerhin draußen und gute Nudeln bzw. eine passable Pizza bekommen.

Schwer satt und im Glauben, es nicht mehr weit zu haben, suchen wir noch den Bahnhof, von dem aus wir am Dienstag nach Bukarest fahren wollen und verlassen Tulcea dann Richtung Westen, um die vermeintlichen knapp zehn Kilometer zu unserer außerhalb an einem See liegenden Unterkunft, dem Delta Nature Resort zu radeln. Leider war die Ortsangabe auf der Internetseite nicht ganz richtig und so sind es noch mal gut 20 Kilometer mit viel Verkehr, übelsten Buckeln und fast so vielen Höhenmetern wie am ganzen Vormittag.

Kurz hinter Tulcea will uns ein junger Mann mit lückenhaftem Gebiss anhalten, aber wir fahren weiter. Gut zehn Kilometer später steht er wieder an der Straße, wie bei Hase und Igel. Er spricht uns erneut an, erzählt, er sei Marathonläufer und schon in Wien mitgelaufen und wolle dieses Jahr in Budapest dabei sein. Jetzt sei er auf dem Weg zu seiner Mutter in Isaccea, etwa 25 Kilometer weiter und da er Probleme mit seiner Leiste habe und wir doch sicher auch nach Isaccea führen, könnten wir doch seinen Rucksack bis dahin mitnehmen. Da wir so weit nicht wollen und auch kein zusätzliches Gepäck brauchen, wird das allerdings nichts und so können wir ihm nur raten, wie schon für die letzten zehn Kilometer noch mal ein Auto zu "hijacken", worauf er antwortet, die rumänischen Autofahrer seien "crazy" und die girls auch. Zumindest den ersten Teil können wir teilweise bestätigen.

Endlich fast am Ziel müssen wir noch einmal eine lange, steile Steigung – inklusive Ziegenherde und Aussicht auf Tulcea – bewältigen und kommen entsprechend k.o. an, sind dann aber positiv überrascht, denn Lage und Aussicht über den hiesigen Teil des Donaudeltas sind großartig.

Statt Zimmer gibt es 30 Holzhäuser, die auf dem Gelände stehen, alle mit Veranda und sehr ansprechend und gemütlich eingerichtet.

Den Restnachmittag verbringen wir bis zum Sonnenuntergang auf der Terrasse im Haupthaus mit tollem Blick über die Schilf- und Wasserlandschaft, die allerdings stellenweise schon trocken liegt, mit Vogelgezwitscher überall, Schwärmen von kleinen Möwen und Seeschwalben, Enten, Schwänen, Blesshühnern und ein paar Kormoranen und etwas weiter weg, ganz ruhig im Wasser schwimmend eine kleine Pelikankolonie.

Fünf Kilometer nördlich fließt die Donau entlang, die sich hier noch nicht geteilt hat, und ab und zu sehen wir von ferne ein Schiff vorbeifahren. Dahinter liegt die Ukraine. Beim Abendessen sind wir allein in dem mit Vögeln aus dem Delta ausgemalten Restaurant, in dem der größte Teil der auf der Karte angebotenen Speisen nicht vorrätig ist.

Montag, 24. September, Somova

Nach einem späten und guten Frühstück auf der im Schatten liegenden und noch kühlen Terrasse mit dem immer noch wunderbaren Blick, heute nur ohne Pelikane, gehen wir zum kleinen Bootssteg unten am Wasser. Dort sitzen wir stundenlang auf den Holzplanken, vor uns Wasser, Schilf und Seerosen, die Sonne wärmt uns den Rücken, ab und zu platscht es im Wasser, viele Möwen und ein Schwan fliegen vorbei und unzählige Libellen, auf den Seerosenblättern sitzen große und kleine, grüne und braune Frösche und Wasserschlangen sind auf der Suche nach Beute. Ein Fischer kontrolliert im Ruderboot seine Reusen und als ein bisschen Wind aufkommt, wellen sich das Schilf und die bisher glatte Wasseroberfläche. Es ist absolut ruhig und friedlich und einfach nur schön.

Ansonsten passiert heute nichts. Nachmittags sitzen wir eine Weile am Swimmingpool, in dem das Wasser frisch eingelassen und saukalt ist und gehen nochmal an den Steg, wo jetzt Möwenschwärme und kleinere Vögel wie schwarze Wolken übers Schilf fliegen. Die wenigen Gäste, die gestern noch da waren, scheinen abgereist zu sein und so sind wir offenbar die einzigen, die hier noch wohnen.

Um 17 Uhr erfahren wir von der Rezeptionistin, dass es morgen für die Fahrt nach Bukarest genügend Fahrgäste geben wird, so dass die Busgesellschaft statt eines kleinen einen großen Bus einsetzen wird und unsere Räder im Gepäckfach und wir natürlich im Bus mitfahren können. Das ist auch sehr gut so, denn wir haben beim Erkunden der Zugverbindung von hier nach Bukarest einen Fehler gemacht und übersehen, dass auf einer Teilstrecke nur ein Schnellzug fährt, und der transportiert keine Räder. Würde der Bus uns nicht mitnehmen, wären die Alternativen allesamt unangenehm, denn unser Rückflug ist fest gebucht.

Wir essen während des inzwischen ziemlich frühen Sonnenuntergangs auf der Terrasse überraschend schlecht und verbringen den restlichen Abend in unserem Haus.

Ein wunderbarer, fauler Tag inmitten einer tollen Landschaft und ein schöner Abschluss unserer Radtour, auch wenn es nicht Istanbul ist.

Dienstag, 25. September, Somova - Bukarest

Wir frühstücken gut und gemütlich und genießen noch einmal sehr den absolut phantastischen Blick über die Seen- und Schilflandschaft im Morgenlicht. Außer dem Vogelgezwitscher und dem Gurren der Tauben rund um das Haus hört man nichts. Ein Fischer gleitet weit unten lautlos über den See. Soweit der Blick reicht nur Natur. Das ist schon etwas ganz Besonderes. Bis auf einen einzelnen Herrn sind wir heute die einzigen Gäste im Hotel und haben die große Terrasse ganz für uns alleine. Wir brauchen uns nicht zu beeilen, unser Bus geht um 12 Uhr und netterweise werden wir vom Hotel zum Busbahnhof gefahren, womit wir uns die 20 Kilometer Berg- und Talfahrt ersparen.

Knapp 25 Minuten dauert die Fahrt mit dem Auto, wir laden die Fahrräder und das Gepäck aus und wollen unsere gebuchten Tickets bezahlen, als plötzlich überhaupt nicht mehr alles klar ist. Es heißt, wir müssten warten bis alle Passagiere da sind und man sähe, wie viel Gepäck die haben und wenn dann noch Platz wäre, würde man uns mit den sperrigen

Rädern mitnehmen. Das ist natürlich überhaupt nicht in unserem Sinne und wir sind zunächst ziemlich konsterniert. Unser Fahrer telefoniert mit dem Hotel und das Hotel mit dem Drachen hinter dem Fahrkartenschalter, der aber hart bleibt. Der Fahrer, der eigentlich gleich wieder los wollte, bleibt bei uns und wartet mit uns fast eine dreiviertel Stunde, bis der ausgewachsene Reisebus vorfährt. Er nützt die erste Gelegenheit als der Busfahrer aussteigt, spricht kurz mit ihm und bedeutet uns dann, dass ein kleines Bakschisch, in diesem Fall genau 11 Euro, helfen würden, den nötigen Platz zu schaffen. Wir überlegen nicht lange und beugen uns den Landessitten, worauf unsere Räder das erste sind, was eingeladen wird.

Der Bus wird fast voll und die Leute bringen so viel Gepäck, dass es Schwierigkeiten gibt, alles im durchaus geräumigen Bauch des Busses unterzubringen. Hätten wir gewartet, wir wären niemals mitgefahren. "This is Romania", sagt unser Fahrer nur und bekommt von uns fairerweise den gleichen Schein, in diesem Fall als Trinkgeld.

Die Busfahrt führt eine ganze Weile lang durch eine sehr hügelige Landschaft, es sieht über weite Strecken aus wie im Mittleren Westen der USA, endlose Felder bis zum Horizont, viele Kuh-, Schaf- und Ziegenherden, immer wieder Schäferwagen mit Gatter und in den Dörfern Frauen, die ihr Gemüse am Straßenrand anbieten. Unterwegs wird Pause gemacht, mitten im Nirgendwo, ein Parkplatz mit lauter Schnellrestaurants für Lkw und Busse, wo unser Fahrer sich in 25 Minuten ein komplettes Menü reinzieht. Noch bevor wir eines der Restaurants erreichen, gibt es an der Straße nicht zu überriechende riesige Sofort-Chivapchichi vom Grill für den eiligen und sehr hungrigen Gast.

Je näher wir Bukarest kommen, desto flacher, aber auch langweiliger wird es, insbesondere die letzten 100 Autobahnkilometer. Unterwegs lässt der Fahrer auf offener Strecke Leute aussteigen, die ihm in Tulcea, wie wir gesehen haben, auch einen Schein in die Hand gedrückt haben und lädt genauso Gepäck an einer Straßenkreuzung aus, das gegen entsprechende "Vergütung" als Beiladung mit auf den Weg gegeben wurde. Fast pünktlich erreichen wir Bukarest und finden schnell unser acht Kilometer entferntes, aber zentral gelegenes kleines und familiäres Hotel Christina, in dem wir perfekt mit allen Infos und Hilfen versorgt werden: einen Fahrradladen finden, der unsere Räder reisetauglich verpackt, ein großes Taxi für uns, das Gepäck und die großen Kartons organisieren, usw. Als Begrüßung gibt es für jeden von uns eine Käseplatte und ein Glas guten Rotwein und kaum sitzen wir auf der kleinen, geschützten Terrasse, gesellt sich der Eigentümer des Hotels zu uns, ein Baumaschineningenieur, der Mitte der 90er Jahre für drei Jahre eine kleine Baufirma in Mainz betrieb und aus formalen Gründen wieder nach Rumänien zurückgeschickt wurde. Er erzählt uns seine Lebensgeschichte und dabei viel über die politische und gesellschaftliche Lage des Landes, freilich aus seiner Sicht als Unternehmer. Das Erste, was er uns erklärt, ist, dass es im Rumänischen zehn verschiedene Worte für Bakschisch gibt und dass der von über 500 Jahren osmanischer Herrschaft geprägte Süden Rumäniens völlig anders sei als der ebenso lange von den Österreichern kontrollierte und deshalb viel diszipliniertere und "aufgeräumtere Norden". Er beklagt insbesondere, dass gerade im Süden viele den Tag mit Trinken zubringen, weil der Staat, wie sie meinen, ihnen keine Arbeit verschafft, eine Erwartungshaltung als Folge von über 40 Jahren Bevormundung durch die Kommunisten. Viele Eigentumsverhältnisse seien ungeklärt, weswegen die schönen alten Häuser massenhaft verfallen. Große Teile der Ackerflächen würden nicht bestellt, weil ein Gutteil der Bauern, an die der Staat im Zuge einer Landreform nach der Wende die Felder verteilt hat, es vorziehen würden, von Sozialhilfe zu leben, ähnlich wie die meisten Roma, rund 10% der Bevölkerung, die, wie er sagt, ihren Stammesstrukturen und -hierarchien verhaftet blieben, ihre Kinder nicht zur Schule schickten, was vom Staat nicht erzwungen wird und aufgrund der hohen Kinderzahl gut von den 50 Euro Kindergeld je Kind leben könnten.

So erfahren wir auch, dass seit 1861, als der erste rumänische König Alexandru Ioan das gesamte orthodoxe Kirchenvermögen konfiszierte, der Staat für die Gehälter der Priester und für den Bau von Kirchen aufkommt und dass sich kein Politiker traut, die Trennung von Staat und Kirche in Angriff zu nehmen. Würde man „gegen die Verhältnisse stänkern, hinter denen größere Interessen stehen", müsse man, so sagt er, mit Repressionen rechnen, wie zum Beispiel mit verschärfter Steuerprüfung, was ja kein Unternehmer wirklich brauchen könne. Als die Revolution begann, war der Hotelier als junger Ingenieur in Timisoara, weil jede und jeder Gebildete für ein paar Jahre in eine Gegend versetzt wurde, wo sie oder er niemanden kannte und entsprechend nicht wusste, wer wen bespitzelt. Er erzählt, dass er aktiv an der Revolution beteiligt war, die aber, wie er sagt, nichts anderes als ein organisierter Staatsstreich gewesen sei und Leute an die Macht gebracht habe, die bis heute mit dem alten System verbunden seien. Es wird wohl noch einige Jahre dauern, bis das Erbe der Vergangenheit überwunden sein wird.

Bei sehr angenehmen Temperaturen essen wir draußen auf der Terrasse noch gut zu Abend und fallen dann müde ins Bett, obwohl wir heute nur Bus gefahren sind.

Mittwoch, 26. September, Bukarest

Der letzte Tag unserer Reise verläuft völlig unspektakulär. Wir genießen das außergewöhnlich gute Frühstück im Hotel Christina, gehen auf die Post, um unser Verteidigungsarsenal gegen wilde Hunde heim zu schicken, das wir nicht gebraucht haben und – so nehmen wir an – nicht im Flieger mitnehmen dürfen und bringen unsere Räder in einen nahegelegenen Fahrradladen, die unsere treuen Gefährten für uns in Kartons verpacken, damit der Transport im Flieger keine Schäden verursacht.

Am Morgen ist es schon warm, so wie gestern, denn hier ist noch einmal voll der Sommer ausgebrochen, mit Temperaturen um die 32° am Mittag. Vom Hotel laufen wir ins Zentrum und in die Altstadt, entdecken Neues und schon Bekanntes und gehen shoppen: Raimunds einzige lange Hose hängt zwar noch nicht in Fetzen herunter, hat aber gelitten und so suchen wir ihm für den Rückflug eine neue samt dazu passendem Oberhemd. Wie schon einmal vor eineinhalb Wochen essen wir im Van Gogh den gleichen Salat – der Mensch ist eben ein Gewohnheitstier – und lassen den Nachmittag wieder bei einem feinen Tee und einem leckeren Törtchen im "Chocolat" ausklingen.

Zurück im Hotel sitzen wir auf der Terrasse, probieren noch einmal die außergewöhnlich gute Küche des Hotels, diesmal Linsensuppe mit butterweichem Rinderfilet, Sojasauce und Chili und danach gratiniertes Hühnchen mit Lauch. Die Preise sind für rumänische Verhältnisse relativ hoch, aber das ist auch die Qualität der Küche und es macht Spaß, hier zu essen. Dabei unterhalten wir uns wieder mit dem Hotelbesitzer, der uns mit zwei Palincas, dem traditionellen rumänischen Zwetschgenschnaps versorgt, ebenso wie mit dessen Freunden, die zu Besuch da sind und mit anderen Gästen aus Australien und Amerika und empfinden zunehmend mehr Sympathie für dieses schnuckelige, gute Hotel, in dem man sich ganz schnell zu Hause fühlt. Sollten wir je wieder nach Bukarest kommen, das auch beim zweiten Besuch immer noch sehr reizvoll ist, werden wir auf jeden Fall wieder hier wohnen!

Dann bleibt uns nur noch, die Taschen ein letztes Mal zu packen, denn morgen fliegen wir zurück nach Deutschland.

Am Ende der Reise

Ein letztes Mal auf dieser Reise frühstücken, ein letztes Mal die gepackten Fahrradtaschen nach draußen schleppen, es heißt Abschied nehmen vom Hotel Christina, von Bukarest und von Rumänien und Osteuropa. Das bestellte Taxi ist pünktlich da, kämpft sich mit uns durch den morgendlichen Stau zum Fahrradladen, wo unsere Räder für wenig Geld perfekt in Kartons verpackt wurden und bringt uns zum Flughafen. Heute scheint mal alles zu klappen. Am Lufthansa-Schalter beim Check-in werden wir darauf aufmerksam gemacht, dass pro Person nur ein Gepäckstück mit maximal 23 Kilogramm aufgegeben werden darf. Unser Fahrradgepäck wiegt zwar weit weniger, ist aber mehrteilig und darf deshalb so nur gegen saftige zusätzliche Gebühren mitfliegen. Gut, dass wir die große Folie und das Klebeband, die wir für den Zugtransport in der Ukraine gekauft haben, nicht im Hotel zurückgelassen haben. Also zerteilen wir die stabile Plane und wickeln unsere Gepäckstücke damit ein. Die sind damit für die Dame am Schalter zwar nicht mehr zu handhaben, entsprechen aber jetzt der Vorschrift und dürfen aufs Gepäckband. Der Rest ist unproblematisch: die Kartons mit den Rädern werden von einem Service-Mitarbeiter vom Sperrgepäck gegen eine weitere, zusätzliche Gebühr natürlich, abgeholt, gescannt und mit einem Kopfnicken endgültig zur Verladung entgegengenommen.

Wir vertreiben uns die Zeit bis zum Abflug und landen pünktlich in München, wo wir von unseren Freunden Doro und Joachim erwartet werden. Es ist schön, abgeholt zu werden, wenn man lange von zu Hause weg war!

Am Abend fahren wir mit dem Zug nach Stuttgart, ohne unsere Räder, die uns Joachim nächste Woche nach Stuttgart mitbringt. Es ist ein komisches Gefühl, ohne die treuen Begleiter zu reisen. Da der Kühlschrank daheim leer ist, machen wir, bevor wir endgültig zuhause ankommen, noch im „Valle" Station und nähern uns so in kleinen Schritten "unserer" Welt, die wir für zwei Monate verlassen haben. Am meisten fällt uns auf, wie sauber, ordentlich und geordnet alles hier ist. Es wird ein paar Tage dauern, bis wir wirklich ankommen.

Ganz sicher werden wir wieder losfahren, nicht gleich, aber irgendwann und darauf freuen wir uns schon jetzt genauso, wie über die erlebnisreiche, spannende und unfallfreie Reise, die wohlbehaltene Rückkehr und das wieder Hiersein.

Kleiner Länderrückblick

Polen

Wir fühlen uns sehr wohl hier und haben durchweg beste Erfahrungen gemacht. Auch nach dem zweiten Mal mit dem Fahrrad in Polen sind wir immer noch der Meinung, dass es sich unbedingt lohnt, dieses schöne und interessante Land kennen zu lernen. Wir haben bei dieser und der vorherigen Fahrt entlang der Weichsel längst nicht alles gesehen und werden ganz sicher noch einmal wiederkommen, um die westlichen Landesteile zu bereisen. Eine Reise durch Polen kann uns lehren, die deutsche Geschichte, die seit vielen Jahrhunderten unmittelbar mit der polnischen verbunden ist, mit etwas anderen Augen zu sehen. In jedem Fall macht diese, wie wir meinen, wichtige Auseinandersetzung mit der Vergangenheit traurig, zum Teil sprachlos und lässt keinen Raum für Hochmut. Verständnis, Bedauern, Mitgefühl und Verbundenheit treffen eher das, was bei uns zurückbleibt.

Die Polen machen es uns einfach, ihr Land zu besuchen: sie sind nicht nur überaus hilfsbereit und freundlich, es reist sich auch sicher und äußerst preiswert, besonders außerhalb der Touristenzentren. Aber gerade die haben – auch wenn die Preise richtigerweise höher sind – natürlich eine große Anziehungskraft und viel Charme, denn es gibt wenig bessere Orte für warme Sommerabende als zum Beispiel den Rynek in Krakau.

Jedem, der Polen noch nicht kennt, kann nur empfohlen werden, dieses Land zu besuchen, in dem wir neben all den Sehenswürdigkeiten und schönen Landschaften streckenweise immer noch etwas aus der Welt unserer Großeltern und Urgroßeltern finden können. Eine Reise etwa nach Danzig, Warschau oder Krakau ist dafür ein guter Einstieg.

Slowakei

Für uns war die Slowakei voller Gegensätze: renovierte, schöne Häuser auf der einen, verfallende, leerstehende Ruinen auf der anderen Seite. Hier die Schicken, Schönen und Reichen, die das mit ihren zum Teil aufgedonnerten Outfits, ihren großen Autos und ihrem Auftreten auch zeigen: die Frauen hochhackig und modelmäßig, die Männer cool, mit Goldkettchen und Brilli im Ohr, da die einfacheren Leute, viele mit abgerissener, schmutziger Kleidung. Wir sahen eine Menge Armut, viele Menschen stehen oder sitzen am hellen Tag untätig herum, offensichtlich ohne Arbeit. Am krassesten fällt die Trennung der Gesellschaft in Hell- und Dunkelhäutige auf. Dass die Roma überwiegend keiner geregelten Arbeit nachgehen, ist auf den ersten Blick zu sehen. Sie leben in slumartigen Verhältnissen ohne wirkliche Perspektive. Auffällig ist, dass wenig gelacht, aber viel geraucht wird.

Optisch ist die Slowakei ein buntes Land: die Häuser sind in allen möglichen Farben gestrichen und die Autos eindeutig farbiger, keineswegs aber älter oder minderwertiger als bei uns. Das hat uns überrascht.

Überall sieht man Cafés und noch mehr Eisdielen und Schnell-Imbisse mit den üblichen Angeboten, „richtige" Restaurants gibt es dagegen nur wenige. Zum Essen ausgehen ist scheinbar nicht so populär, dafür fehlt offensichtlich das Geld.

Interessant ist, dass auf den Speisekarten für alles, was angeboten wird, die Gewichte ganz genau angegeben sind, bis hin zum Espresso, der typischerweise mit 7g Kaffeepulver und 30g Zucker „geliefert" wird. Dazu liest man im hinteren Teil, im Impressum gewissermaßen, wer die Karte konzipierte, wer die Preise kalkuliert hat und wer in der Küche steht und kocht.

Überall läuft Musik oder ein Fernseher, ohne Beschallung geht auch hier nicht mehr viel.

Die großen Berg-, Wald- und Feldlandschaften bieten vielen Tieren noch Lebensräume, die bei uns längst verschwunden sind und lassen Raum für große, unkultivierte Flächen. Für Naturliebhaber und Wanderer ist die Slowakei ein preiswertes und attraktives Reiseziel. Für Radfahrer als Transitland machbar, fehlt dem Land aber ähnlich wie Polen in den Gebieten östlich der Weichsel noch die Infrastruktur.

Ungarn

Ungarn macht, zumindest in dem Teil des Landes, den wir kennengelernt haben entlang der Donau, einen recht homogenen Eindruck. Die Gegensätze sind, im Vergleich zur Slowakei, weniger krass, auch in Bezug auf Autos, Kleidung und Auftreten der Leute. Wir sahen weniger herausgekehrten Reichtum, weniger offensichtliche Armut und praktisch keine Roma. Zwar bröckelt hier und da der Putz, aber es gibt nicht die Masse renovierungsbedürftiger Häuser. Dächer sind nicht mehr mit Blech gedeckt, wie in der Slowakei und teilweise in Polen, sondern mit Schindeln.

Ungarn erscheint als ein verhältnismäßig modernes Land, in dem man nicht nur in den Städten, sondern auch in den größeren Ortschaften praktisch alles bekommen kann, bis hin zu allen wesentlichen Ersatzteilen in modernen Fahrradläden. Die Verfügbarkeit all dieser Waren ist sicher auch der Vielzahl deutscher, österreichischer und französischer Supermärkte und Discounter samt den großen Sportlabels und einer Vielzahl ausländischer Banken und Versicherungen geschuldet, die überall präsent sind. Im ersten Moment ist das für denjenigen Touristen sicher nicht schlecht, der schnell mal einen deutschen Markenjoghurt braucht oder auf seine gewohnten Drogerieartikel mit deutscher Beschriftung nicht verzichten will. Ob das gut ist für die Ungarn und ihre Wirtschaft, sei dahingestellt. Auf jeden Fall zerstört diese Form von Wirtschaftsexport einen Teil der kulturellen Identität der Gastländer.

Vielleicht sind auch die vielen „Wellness-Hotels" eine importierte Modeerscheinung, allerdings scheint es in vielen Fällen schon zu reichen, wenn in den sonst abgetakelten Etablissements irgendwo im Keller eine Sauna versteckt ist oder ein Masseur ins Haus kommt. Korrigieren müssen wir unser Bild von Ungarn als dem Land des Paprikas: für uns ist Ungarn eher das Land des Mais und der Sonnenblumen. Ansonsten kann man feststellen, dass die Ungarn es sehr genau nehmen mit der Umsetzung von EU-Vorschriften und dass sie Eiscreme nicht weniger lieben als die Slowaken und die Polen: die Dichte der Eisdielen ist einfach beeindruckend, drei, vier Theken mit erstklassigem ungarisch-italienischen Eis auf 20 m ist keine Seltenheit.

Was wir Müsli- und Vollkornbrotfreunde wiederum nicht verstehen, ist die Vorliebe für lätschiges, aufgeblasenes Marshmallow-Weißbrot, das vorgeschnitten in Plastiktüten verpackt überall verkauft wird. Drückt man ein wenig drauf, verschwindet es fast gänzlich. Ein robustes Schwarzbrot ist uns nirgends begegnet. Interessant ist, dass sich viele Menschen ihr Mittagessen in Gaststätten holen und in Plastikschüsseln und kleinen Eimerchen nach Hause tragen oder sich das Essen heimbringen lassen.

Sprachlich verstehen wir praktisch nichts und erschließen lässt sich bis auf wenige offensichtliche Worte vom Geschriebenen auch nicht viel. Trotzdem funktioniert die Verständigung irgendwie immer, sei es auf Deutsch, auf Englisch, mit Händen und Füßen. Wenn gar nichts geht, wird jemand gerufen, der irgendeine Fremdsprache kann und mit dem die Verständigung dann meist einigermaßen klappt. Dabei wird südlich von Budapest im Gebiet der Donauschwaben noch erstaunlich viel Deutsch gesprochen.

Die Autofahrer sind etwas ungeduldig, aber im Allgemeinen nicht rücksichtslos. Abgesehen von den großen Hauptverkehrsstraßen war gut Radfahren in Ungarn mit seinen aufgeschlossenen und hilfsbereiten Menschen. Allein die außergewöhnliche Hitze im August war nahezu unerträglich.

Kroatien

Viel haben wir nicht gesehen von Kroatien, nur den äußersten Nordosten. Was wir aber gesehen haben, macht viel Lust darauf, mehr von diesem Land kennen zu lernen. Osijek ist eine richtig schöne Stadt, die mit ihren vielen Häusern im Barock- und Jugendstil stellenweise an bayrische Städte erinnert. Die recht einheitliche, homogene Bebauung ist eine Folge der Vertreibung der Türken, bei der fast alle Bauten zerstört und danach die meisten in einem Rutsch wieder aufgebaut wurden. Im Gegensatz dazu sind die Dörfer, durch die wir gekommen sind, sehr bäuerlich.

Die großen Discounter, die auch hier in Kroatien in jeder Stadt zu finden sind, haben wie fast überall dafür gesorgt, dass die kleinen einheimischen Läden schließen mussten. Mit 18% ist die Arbeitslosigkeit in Kroatien relativ hoch und deshalb, so erzählt man uns, richten sich jetzt die Hoffnungen der sehr auf Europa fokussierten 4,5 Millionen Kroaten auf die neuen Regierung, die die Bürokratie abbauen und das Land wettbewerbsfähiger machen will und natürlich auf den für Juni 2013 geplanten EU-Beitritt.

Besonders auffallend in diesem Landesteil sind die immer noch sichtbaren Kriegsschäden und die damit einhergehende Geschichte, die allgegenwärtig ist, auch wenn die Jugoslawienkriege lange vorbei sind und Normalität eingekehrt zu sein scheint. Bei unserer kurzen Reise durch das Land haben wir eine große Gastfreundschaft erlebt. Die Verständigung war dabei kaum ein Problem, denn viele Kroaten sprechen deutsch oder englisch, viele haben auch in der Schweiz, in Österreich oder in Deutschland gearbeitet oder als Flüchtlinge während des Krieges zeitweise dort gelebt. Wir werden bestimmt noch einmal wiederkommen, um Zagreb und die westlichen Gebiete ein wenig kennen zu lernen.

Serbien

Die Fahrt durch Serbien war für uns eine spannende Sache. Wir sahen viele leerstehende und verfallende Häuser und viele, die meist aus roten Ziegelsteinen im Rohbau dastehen und an denen zumindest jetzt nicht weitergebaut wird. Das Straßenbild ist geprägt von alten Autos, die bei uns längst aus dem Straßenbild verschwunden sind, uralte R4 und Käfer und solche, die bei uns nie zu sehen waren, wie die vielen Yugos, die hier noch fahren. Viele gebrauchte Wagen aus dem Westen werden offensichtlich hierher verkauft, aber man sieht auch viele neue Autos auf den Straßen, die, und das halten wir für ein großes Problem, fast überall mit Müll verdreckt sind.

Supermarktketten haben wir kaum gesehen, es gibt stattdessen in praktisch jedem Nest mindestens einen kleinen Laden, in dem man alles Wichtige für den täglichen Bedarf kaufen kann und der von morgens früh bis abends spät geöffnet hat.

Auf den Feldern wachsen in erster Linie Mais und Sonnenblumen, aber auch Melonen, Paprika, Äpfel, Tabak und viel Wein, der uns geschmeckt hat.

Wirtschaftlich steht das Land eher schlecht da: die offizielle Arbeitslosenquote beträgt 18%, ist in Wahrheit aber weit höher. Nicht nur die Infrastruktur ist marode, überall fehlt es sichtbar am Geld. Roma treten wieder deutlicher in Erscheinung, besonders in den Städten, sind aber auch hier kein integrierter Teil der Gesellschaft. Wir sahen viel Armut, aber wie überall gibt es auch Gewinner, die große Autos fahren, teure Kleider tragen und sich große Häuser leisten können.

Was sonst noch auffällt, ist, dass sehr viel geraucht wird, viel mehr, als bei uns, vor allem lange, schlanke Zigaretten. Viele Menschen haben große, sichtbare Zahnlücken und fast keine der öffentlichen Toiletten ist abschließbar.

Serbien hat wegen der Kriege ein äußerst schlechtes Image, das Stigma der Bösen und die Serben wissen das. Wir haben die Menschen als sehr freundlich und überaus hilfsbereit erlebt. Offensichtlich freuen sie sich, dass Ausländer – als Fahrradfahrer sind wir das für jeden auf den ersten Blick ersichtlich – Serbien besuchen und von vielen werden wir mit Winken oder Hupen gegrüßt.

Die meisten serbische Autofahrer fahren viel zu schnell, überholen, wo kaum etwas zu sehen oder wenn der Gegenverkehr schon nahe ist. Bremsen geht scheinbar gar nicht. Entsprechend viele Gedenktafeln von verstorbenen Unfallopfern sieht man am Straßenrand, meist alle paar hundert Meter, manchmal nur ein paar Meter auseinander.

Abgesehen vom Verkehr haben wir uns sehr wohl gefühlt in diesem Land, das viele verschiedene Eindrücke bei uns hinterlässt und sich verändert, je weiter nach Osten man kommt von der eher westlich orientierten Vojvodina mit dem kulturellen Zentrum Novi Sad, zur rauen und interessanten, aber gewöhnungsbedürftigen Hauptstadt Belgrad bis zum stark türkisch angehauchten Osten des Landes.

In Belgrad hat uns die außerordentlich massive Polizeipräsenz überrascht. Die Stadt ist heruntergekommen, vergammelt und es gibt wenig Straßenschilder, so dass die Orientierung nicht leicht fällt, mit etwas Mühe kann man aber das Kyrillische nach ein paar Tagen Übung entziffern.

Nicht nur in Belgrad, sondern in allen serbischen Städten ist alles, was besprüht oder bemalt werden kann, über und über mit Graffiti bedeckt.

Den Donauradweg zu finden war in Serbien sehr leicht. Hinsichtlich Beschilderung des Radweges ist Serbien ganz sicher der Musterknabe. Dabei war die Fahrt auf der schattigen und verkehrsarmen serbischen Donauseite für uns angenehm. Man braucht allerdings unbedingt ein Licht am Rad wegen der 60 bis 400 m langen Tunnel, die aber allesamt gut machbar sind.

Rumänien

"Das neue EU-Mitglied Rumänien, liegt mit seinen 21,6 Mio. Einwohnern dort, wo die Vorstellungswelt des Westbürgers über das, was zu Europa gehören könnte, aufhört." (Marco Polo, Rumänien).

Wir hatten keine Vorstellung von Rumänien. Das Land hat uns fasziniert und überrascht. Am Anfang wie mit der Zeitmaschine viele Jahrzehnte zurückgeworfen und plötzlich fern von vielem, was wir in Deutschland für ganz selbstverständlich halten, kam das Land uns nach und nach näher. Auf den ersten 200 Kilometern unserer Fahrt trägt diese Welt noch altertümliche Züge: die Menschen in den Straßendörfern, die sich mit ein, zwei Häuserreihen fast ausschließlich entlang der Landstraßen hinziehen, arbeiten ganz offensichtlich in erster Linie für Essen, Trinken, Wohnen, Heizen und Rauchen, für ihre Grundbedürfnisse eben, etwas, das wir uns in Westeuropa oft gar nicht mehr vorstellen können (und wollen), gleichwohl verfügen aber viele, die mit Pferde- und Eselwagen unterwegs sind, über ein Mobiltelefon.

Zwischen den Dörfern auf den Alleen hört es sich oft an, als ob die Bäume zwitschern: Unmengen von Vögeln lassen die Äste schwarz werden, während am Straßenrand immer mal wieder ein totgefahrener Hund liegt.

Ganz im Osten, auf dem Weg ins Donaudelta sehen wir diese Bilder noch einmal, dazwischen Landstriche, die weitgehend motorisiert sind, wo das Wasser nicht mehr aus Ziehbrunnen vor den Häusern geholt wird und wir längst nicht mehr so häufig Menschen vor den Häusern sitzen sehen, die einfach nichts tun, auch etwas, das uns in unserer hektischen und auf Effizienz getrimmten Gesellschaft fast völlig abhandengekommen ist.

Auch in Rumänien wird wie in Serbien viel geraucht. Vor allem in den Restaurants fällt uns das auf, wo das erste, das man uns hinstellt, immer ein Aschenbecher ist und wo die Nichtraucherplätze im hinterletzten Eck liegen, wo wirklich niemand sitzen will.

Die vielen freilaufenden, meist wohl herrenlosen Hunde, in den Ortschaften, an Straßenkreuzungen, in Einfahrten, auf Plätzen, selbst auf Wiesen und auf freier Strecke außerhalb der Siedlungen sind überwiegend in einem erbärmlichen, verängstigten Zustand und machen zumeist einen traurigen Eindruck, wenn sie friedlich mit eingezogenem Schwanz das Weite suchen. Arme Hunde im wahrsten Sinne des Wortes. Manche bellen auch und laufen einem kläffend hinterher, lassen uns aber sonst weitgehend in Ruhe und tun uns meist eher leid, als dass wir uns vor ihnen fürchten müssten.

Omnipräsent wie die Hunde ist die Nonstop-Beschallung mit eintöniger, nervöser, immer gleicher Technomusik, die mit extrem schnell geschnittenen Softporno-Clips unterlegt ist. Ziemlich schwer auszuhalten. Am schlimmsten war es in Bukarest in den Boutiquen, die mit einer Lautstärke arbeiten, die uns direkt wieder hinausgetrieben hat. Vielleicht ist das auch eine Überreaktion auf das auf zwei Stunden täglich begrenzte Propaganda-Fernseh-programm während der Ceausescu Diktatur.

Mit seiner romanischen Sprache ist Rumänien eingekeilt zwischen Serbien, Bulgarien und der Ukraine, die kyrillische Schriftzeichen verwenden. Wenn die Rumänen sprechen, kann man den Eindruck haben, spanisch zu hören, während das Geschriebene viele französische Wortstämme enthält. Verstehen können wir wenig, aber beim Lesen der Worte kann man sich doch das eine oder andere erschließen.

Es bleibt zu hoffen, dass die Folgen der langen kommunistischen Diktatur, die Korruption, die Ungleichgewichte, die in einer Umbruchphase, in der Rumänien immer noch steckt, wahrscheinlich unvermeidbar sind, sich irgendwann einmal auflösen. Zu wünschen ist es dem bescheidenen und sympathischen Land, mit seinen offenen, hilfsbereiten und freund-lichen Menschen, die wir als Kommunikationsweltmeister erlebt haben. Noch nie sind wir so viel gegrüßt worden, haben uns so viele Menschen gewunken und angesprochen, auch wenn es keine gemeinsame Sprache gab.

Rumänien hat viele Natur- und Kulturschätze, aus denen es ganz sicher noch nicht das macht, was möglich ist. Nicht nur das Donaudelta ist ein absolut grandioses Stück Natur, das alleine eine Reise lohnt, auch Bukarest ist eine aufregende und interessante Stadt.

Wir haben jedenfalls viel Lust, wieder zu kommen und auch die anderen Landesteile, das Banat, Maramures, Siebenbürgen, die Moldau und die Bukowina zu besuchen und hoffen, dass Rumänien vorankommt auf seinem Weg in eine gute Zukunft.

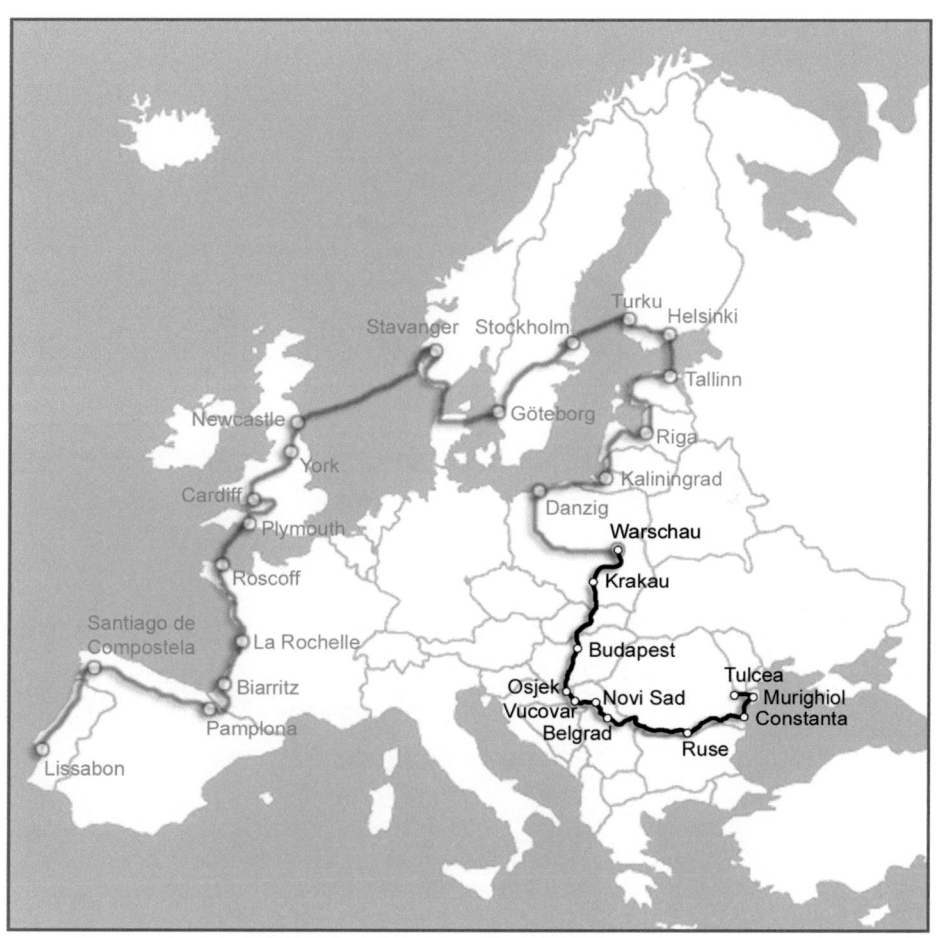

Erschienen 2008:

Auf=Bruch

Mit dem Fahrrad von Lissabon nach Warschau

Klaudia Dietewich
Raimund Menges